초등 잉글리쉬

초잉

6학년
과정

이젠영어연구소 지음

필수 영단어

이젠교육 EZEN EDUCATION

이젠영어연구소 지음

이젠영어연구소는 교과서 개발 경험을 바탕으로 유아에서 초중고까지 학생들이 영어의 바른길을
찾아갈 수 있도록 최고의 영어 학습 콘텐츠를 개발하고자 노력하는 영어 전문 연구소입니다.

초잉 필수 영단어 4

초판 1쇄 발행 ┃ 2023년 01월 10일

지 은 이 이젠영어연구소
펴 낸 이 임요병
펴 낸 곳 (주)이젠교육
출판등록 제 2020-000073호
주   소 서울시 영등포구 양평로 22길 21
            코오롱디지털타워 404호
전   화 (02) 324-1600
팩   스 (031) 941-9611

홈페이지 https://ezenedu.kr/
블 로 그 https://blog.naver.com/ezeneducation
네이버 카페 https://cafe.naver.com/ezeneducation
인스타그램 @ezeneducation

@이젠교육
ISBN 979-11-92702-04-9
ISBN 979-11-92702-00-1 (세트)

특징 알아보기

 초등 필수 단어가 한 권에

교육부 초등 권장 단어 800개와 초등 교과서 필수 어휘 400개를 포함한
총 1,200개의 단어가 4권에 모두 담겨 있어요. (4권X300단어씩 학습)

 이미지와 단어가 함께 쏙쏙

2,400개가 넘는 이미지와 함께 이미지 학습법으로
단어들을 쏙쏙 암기해요.

 학습한 단어를 다양하게 체크체크

30가지 이상의 재미있는 활동으로 즐겁게 단어를 학습하고
학교 시험에 꼭 나오는 문제로 학습한 단어를 점검해요.

 의사소통 표현도 술술

배운 단어들을 바탕으로 교과서에 나오는 대화 및 표현을 학습하고
나만의 다양한 문장을 술술 말해 보아요.

 <또래퀴즈>와 함께 하하호호

<또래퀴즈 초등 영단어 1200>과 같은 단어들로 구성되어
혼자서 또는 친구들과 재미있게 복습할 수 있어요.

교재 살펴보기

학습하기 — SET A, B

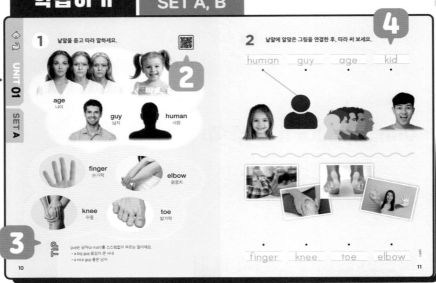

1. Unit별 20개의 단어 학습
2. 원어민 음원 QR 제공
3. 단어와 관련된 파닉스, 스피킹, 영어권 국가들의 문화에 대한 정보
4. 단어 연결하고 따라 쓰며 학습

활동하기 — ACTIVITY

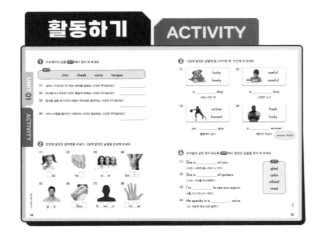

다양하고 재미있는 활동을 통해
단어 익히기

점검하기 — TEST

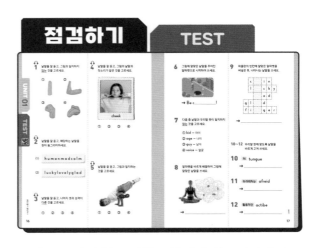

매 Unit마다 학교 시험 유형의 문제로 이루어진
TEST를 통해 학습한 단어 점검하기

의사소통 표현 **Expressions**

다섯 개의 Unit마다
배운 단어가 들어 있는
교과서 속 표현 익히기

부록

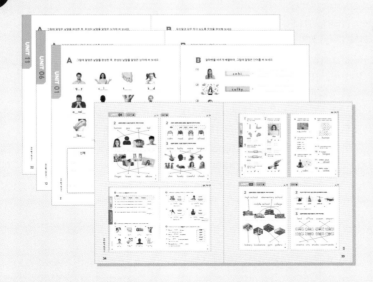

WORKBOOK

매 Unit 학습 후 WORKBOOK으로
재미있게 단어 복습하기

정답 및 해설

본책 모양의 정답 및 해설을
보면서 편리하게 확인하기

학부모와 선생님을 위한
모바일 티칭 자료

QR코드를 스캔하여 정답,
스크립트를 활용하여
편리하게 지도할 수 있어요.

이젠교육에서 제공하는
무료 부가 서비스

https://ezenedu.kr/에서
MP3, 따라쓰기 연습장, 워크시트 등을
다운로드할 수 있어요.

초잉 1~4권 어휘 리스트

6학년 과정

Unit 01 age, kid, guy, human, finger, elbow, knee, toe, chin, cheek, voice, tongue, active, lucky, lovely, careful, glad, calm, afraid, mad

Unit 02 elementary school, middle school, high school, college, gallery, bakery, bookstore, gym, cinema, office, studio, airport, city, countryside, ocean, land, helicopter, yacht, cable car, jet

Unit 03 fire, bomb, danger, accident, fact, news, newspaper, magazine, cart, basket, elevator, escalator, captain, score, court, medal, humor, prize, gesture, contest

Unit 04 schedule, diary, begin, finish, advise, understand, believe, wish, agree, decide, discuss, guess, talk, control, guard, lie, fail, succeed, enter, exit

Unit 05 company, boss, staff, partner, business, factory, project, seminar, file, cabinet, bonus, interview, background, story, word, sentence, comedy, fantasy, horror, mystery

Unit 06 joy, chance, luck, memory, base, type, part, place, question, section, area, issue, diet, fat, calorie, energy, percent, graph, image, chart

Unit 07 comic, basic, safe, dangerous, helpful, deep, sleepy, unique, ready, certain, fantastic, important, add, divide, keep, exchange, marry, congratulate, surprise, graduate

Unit 08 chain, pipe, plastic, drill, brake, speed, track, engine, depth, form, length, weight, battery, heat, board, gas, bill, menu, waiter, supper

Unit 09 branch, leaf, seed, root, forest, grass, rock, echo, airline, ticket, passport, luggage, heaven, castle, palace, crown, battle, power, campaign, spy

Unit 10 ill, absent, polite, excellent, boring, perfect, friendly, exciting, favorite, special, powerful, wonderful, clever, curious, foolish, nervous, designer, musician, dentist, engineer

Unit 11 January, February, March, April, May, June, July, August, September, October, November, December, line, circle, triangle, square, top, bottom, middle, side

Unit 12 brand, clothes, cash, service, cotton, wool, silk, leather, hormone, sample, vaccine, mask, technology, Internet, virus, website, telephone, smartphone, emoticon, application

Unit 13 film, concert, musical, art, fiction, parade, drama, scenario, dialogue, accent, speak, introduce, alarm, carol, condition, recreation, wedding, couple, band, guest

Unit 14 campus, course, test, vacation, race, league, champion, sponsor, player, driver, coach, director, above, below, next to, among, any, every, last, both

Unit 15 ago, forever, already, ahead, almost, too, enough, aloud, once, away, yet, then, during, against, than, through, again, later, soon, deeply

초잉 필수 영단어 1   3학년 과정

U 01 cat, dog, hamster, rabbit, apple, banana, lemon, orange, doll, puzzle, robot, rocket, pizza, hamburger, sandwich, doughnut, cup, fork, spoon, knife U 02 dad, mom, brother, sister, eye, nose, ear, mouth, arm, leg, hand, foot, jeans, skirt, socks, coat, cow, horse, pig, sheep U 03 kiwi, melon, peach, pineapple, bat, bird, chicken, duck, hat, bag, pants, shoes, candy, cookie, chocolate, gum, airplane, bike, car, train U 04 color, paint, white, black, red, yellow, blue, green, boat, ambulance, bus, taxi, milk, water, coffee, juice, doctor, nurse, scientist, chef U 05 bean, carrot, potato, tomato, lion, tiger, panda, zebra, cap, gloves, watch, belt, boy, girl, baby, adult, happy, sad, angry, bored U 06 bear, elephant, giraffe, monkey, birthday, gift, cake, party, drum, guitar, piano, violin, good, bad, old, young, come, go, run, stop U 07 box, key, mirror, umbrella, dolphin, fish, shark, crab, tall, short, strong, weak, cry, smile, love, hate, dance, draw, jump, sing U 08 school, classroom, student, teacher, bread, butter, cream, egg, baseball, basketball, soccer, tennis, meet, swim, skate, ski, cook, eat, drink, bite U 09 book, notebook, pen, pencil, bank, market, park, zoo, cute, pretty, ugly, handsome, see, hear, smell, touch, open, close, sleep, wake U 10 cold, hot, cool, warm, clip, glue, paper, tape, heart, blood, bone, brain, upset, tired, surprised, worried, buy, pay, sell, wear U 11 snow, rain, fog, wind, Earth, sun, moon, star, morning, afternoon, evening, night, want, become, dream, work, forget, remember, sit, stand U 12 drone, game, magic, video, month, date, year, season, sport, team, ball, goal, play, try, win, lose, drive, take, turn, return U 13 name, family, home, friend, big, little, long, short, new, small, large, nice, high, low, clean, dirty, find, fly, move, pick U 14 I, you, he, she, we, they, this, that, up, down, in, out, help, make, put, like, say, have, read, do U 15 a/an, the, it, them, am, are, is, not, at, by, here, there, hello/hi, goodbye, thank, welcome, okay, please, no, yes

초잉 필수 영단어 2   4학년 과정

U 01 head, chest, shoulder, back, feel, look, sound, taste, listen, watch, hard, soft, dry, wet, quiet, loud, lie, paint, show, wait U 02 grandfather, grandmother, father, mother, parents, uncle, aunt, cousin, bed, lamp, curtain, fan, clock, sofa, table, carpet, house, room, gate, garden U 03 bedroom, bathroom, kitchen, living room, door, window, wall, floor, crazy, famous, fat, thin, busy, free, hungry, thirsty, beautiful, kind, lazy, smart U 04 chopsticks, bottle, dish, glass, breakfast, lunch, dinner, snack, beef, cheese, salad, sausage, cereal, noodle, meat, rice, honey, salt, sugar, oil U 05 ice, lemonade, soda, tea, bacon, jam, pie, toast, class, blackboard, desk, chair, ask, learn, know, write, crayon, eraser, scissors, textbook U 06 easy, difficult, problem, answer, club, group, member, join, English, history, math, science, brown, gray, pink, gold, bench, bicycle, flower, tree U 07 farm, hospital, library, museum, bridge, road, tower, town, left, right, straight, cross, artist, firefighter, pilot, police officer, ant, bee, bug, spider U 08 frog, mouse, puppy, turtle, sky, cloud, rainbow, air, sea, sand, stone, island, dress, jacket, shirt, sweater, bubble, towel, soap, shampoo U 09 fix, happen, hurt, save, balloon, card, present, event, movie, music, picture, cartoon, invite, bring, set, enjoy, bath, shower, wash, dry U 10 give, tell, build, fall, badminton, football, golf, marathon, catch, hit, kick, pass, picnic, camp, tent, adventure, trip, map, camera, album U 11 yesterday, today, tonight, tomorrow, spring, summer, fall, winter, calendar, Monday, Tuesday, Wednesday, Thursday, Friday, Saturday, Sunday, early, late, now, future U 12 fruit, vegetable, meal, dessert, food, hobby, festival, nation, body, mind, face, skin, fashion, habit, job, toy, heavy, light, far, near U 13 money, coin, poor, rich, angel, god, hero, monster, king, queen, prince, princess, fast, slow, alone, together, fill, hunt, miss, mix U 14 need, hope, teach, think, many, much, little, double, can, may, must, will, what, who, when, where, how, why, with, about U 15 on, under, over, around, and, but, or, so, time, hour, minute, noon, before, after, A.M./a.m., P.M./p.m., just, also, very, well

초잉 필수 영단어 3   5학년 과정

U 01 hair, lip, neck, tooth, hold, drop, choose, act, quick, slow, wise, stupid, brave, honest, funny, shy, shocked, excited, scared, lonely U 02 husband, wife, son, daughter, bell, fence, yard, roof, oven, bowl, pan, pot, fry, cut, boil, bake, biscuit, ice cream, marshmallow, jelly U 03 grape, pear, strawberry, watermelon, corn, onion, garlic, broccoli, borrow, use, focus, study, sauce, steak, soup, spaghetti, homework, lesson, exam, grade U 04 first, second, third, fourth, number, zero, hundred, thousand, restaurant, restroom, church, store, cafe, hotel, post office, apartment, truck, ship, subway, motorcycle U 05 address, street, corner, sign, painter, singer, model, actor, snake, cheetah, fox, kangaroo, mountain, lake, beach, river, delicious, sour, sweet, salty U 06 fever, pain, stress, headache, sick, medicine, disease, health, child, teen, gentleman, lady, person, people, man, woman, fun, worry, life, joke U 07 simple, main, useful, thick, boots, gown, scarf, pocket, button, ribbon, ring, diamond, case, band, spray, brush, note, sketch, page, vase U 08 break, burn, fight, kill, walk, climb, collect, exercise, rugby, swimming, ballet, volleyball, arrive, leave, visit, tour, country, culture, flag, world U 09 day, week, weekend, holiday, across, along, beside, behind, front, back, between, inside, east, west, south, north, animal, nature, weather, plant U 10 start, end, live, die, get, send, push, care, change, grow, copy, print, bright, dark, cheap, expensive, full, empty, true, false U 11 clear, dead, fresh, fine, ghost, giant, dragon, witch, war, tank, terror, peace, guide, plan, stay, travel, check, carry, cover, hang U 12 size, design, style, cost, shop, clerk, customer, sale, quiz, hint, fool, secret, song, harmony, jazz, opera, space, light, alien, planet U 13 mail, message, letter, call, cage, tail, wing, wood, hole, piece, way, block, field, hill, ground, cave, hurry, knock, lead, pull U 14 idea, example, topic, point, center, crowd, meeting, advice, same, different, great, wrong, computer, click, data, error, television, channel, program, radio U 15 always, never, often, twice, thing, everything, something, nothing, for, of, from, to, Sorry., All right., Excuse me., Of course., all, only, some, another

차례

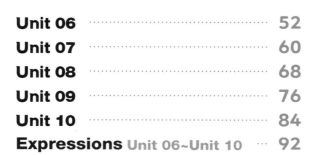

1일차	2일차	3일차	4일차	5일차
Unit 1	Unit 1	Unit 2	Unit 2	Unit 3
Set A / Set B	Activity / Test	Set A / Set B	Activity / Test	Set A / Set B
월 일	월 일	월 일	월 일	월 일

6일차	7일차	8일차	9일차	10일차
Unit 3	Unit 4	Unit 4	Unit 5	Unit 5
Activity / Test	Set A / Set B	Activity / Test	Set A / Set B	Activity / Test
월 일	월 일	월 일	월 일	월 일

11일차	12일차	13일차	14일차	15일차
Unit 6	Unit 6	Unit 7	Unit 7	Unit 8
Set A / Set B	Activity / Test	Set A / Set B	Activity / Test	Set A / Set B
월 일	월 일	월 일	월 일	월 일

16일차	17일차	18일차	19일차	20일차
Unit 8	Unit 9	Unit 9	Unit 10	Unit 10
Activity / Test	Set A / Set B	Activity / Test	Set A / Set B	Activity / Test
월 일	월 일	월 일	월 일	월 일

21일차	22일차	23일차	24일차	25일차
Unit 11	Unit 11	Unit 12	Unit 12	Unit 13
Set A / Set B	Activity / Test	Set A / Set B	Activity / Test	Set A / Set B
월 일	월 일	월 일	월 일	월 일

26일차	27일차	28일차	29일차	30일차
Unit 13	Unit 14	Unit 14	Unit 15	Unit 15
Activity / Test	Set A / Set B	Activity / Test	Set A / Set B	Activity / Test
월 일	월 일	월 일	월 일	월 일

1 낱말을 듣고 따라 말하세요.

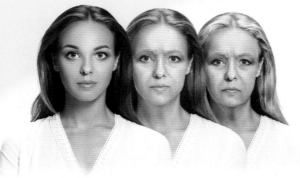

age
나이

kid
아이

guy
남자

human
사람

finger
손가락

elbow
팔꿈치

knee
무릎

toe
발가락

Tip

guy는 남자(a man)를 스스럼없이 부르는 말이에요.
- a big **guy** 몸집이 큰 사내
- a nice **guy** 좋은 남자

2 낱말에 알맞은 그림을 연결한 후, 따라 써 보세요.

human   guy   age   kid

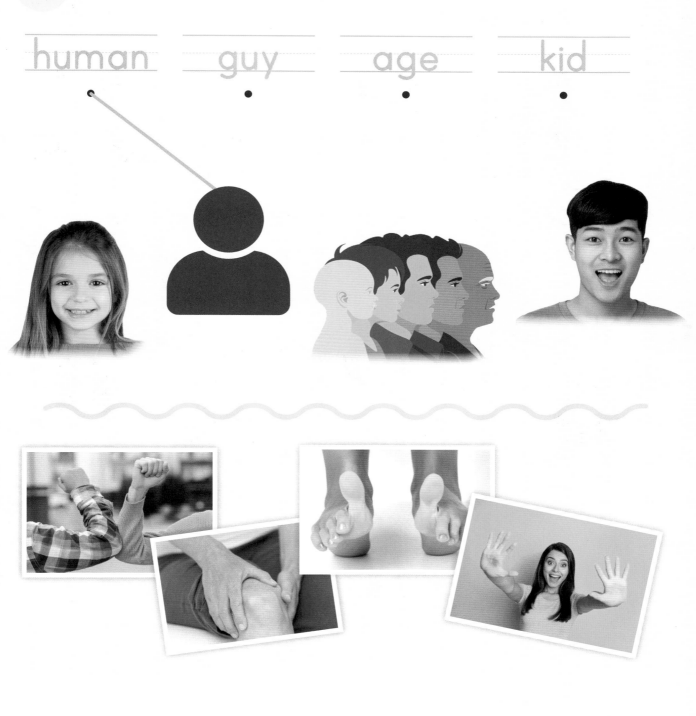

finger   knee   toe   elbow

1 낱말을 듣고 따라 말하세요.

chin
턱

cheek
볼, 뺨

voice
목소리

tongue
혀

active
활동적인

lucky
운이 좋은

glad
기쁜

calm
차분한

lovely
사랑스러운

careful
주의 깊은, 신중한

afraid
두려워하는

mad
미친, 몹시 화가 난

TIP

mad는 '미친' 이외에 '몹시 화가 난(very angry)'이라는 뜻으로 쓰여요.
Mom got **mad**. 엄마는 몹시 화가 나셨다.

2 고양이 상태에 알맞은 낱말을 보기 에서 찾아 써 보세요.

보기   glad   (calm)   afraid   mad

calm

3 낱말에 알맞은 그림을 연결한 후, 따라 써 보세요.

active   lucky   voice   tongue

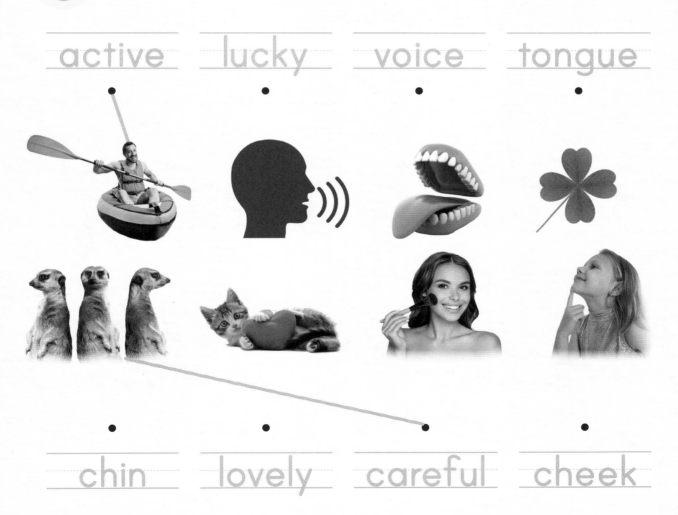

chin   lovely   careful   cheek

1 수수께끼의 답을 **보기** 에서 찾아 써 보세요.

보기

> chin   cheek   voice   tongue

(1) 성우는 이것으로 연기하는 배우를 말해요. 이것은 무엇일까요? _____

(2) 부끄럽거나 추우면 이곳이 빨갛게 변해요. 이곳은 어디일까요? _____

(3) 음식을 씹을 때 이곳의 관절이 위아래로 움직여요. 이곳은 어디일까요?

_____

(4) 아이스크림을 핥아먹기 위해서는 이것이 필요해요. 이것은 무엇일까요?

_____

2 빈칸에 알맞은 알파벳을 써넣어 그림에 알맞은 낱말을 완성해 보세요.

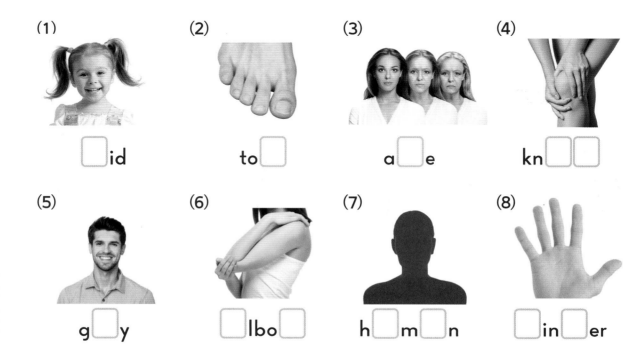

(1) ☐id

(2) to☐

(3) a☐e

(4) kn☐☐

(5) g☐y

(6) ☐lbo☐

(7) h☐m☐n

(8) ☐in☐er

3 그림에 알맞은 낱말에 동그라미한 후, 빈칸에 써 보세요.

(1)
lucky
lovely

a _____ dog

사랑스러운 개

(2)
useful
careful

a _____ boy

신중한 소년

(3)
active
honest

an _____ guy

활동적인 남자

(4)
fresh
lucky

a _____ winner

행운의 우승자

winner: 우승자

4 우리말과 같은 뜻이 되도록 보기 에서 알맞은 낱말을 찾아 써 보세요.

(1) She is _____ at you.

그녀는 너에게 몹시 화가 나 있다.

(2) She is _____ of spiders.

그녀는 거미를 무서워한다.

(3) I'm _____ to see you again.

너를 다시 만나서 기쁘다.

(4) He speaks in a _____ voice.

그는 차분한 목소리로 말한다.

보기

glad

calm

afraid

mad

1 낱말을 잘 듣고, 그림과 일치하지 <u>않는</u> 것을 고르세요.

①  ②

③   ④

2 낱말을 잘 듣고, 해당하는 낱말을 찾아 동그라미하세요.

(1) humanmadcalm

(2) luckylovelyglad

3 낱말을 잘 듣고, 나머지 셋과 성격이 <u>다른</u> 것을 고르세요.

①   ②   ③   ④

4 낱말을 잘 듣고, 그림의 낱말과 첫소리가 같은 것을 고르세요.

cheek

①   ②   ③   ④

5 낱말을 잘 듣고, 그림과 일치하는 것을 고르세요.

①   ②   ③   ④

6 그림에 알맞은 낱말을 주어진 알파벳으로 시작하여 쓰세요.

→ Be c_____!

7 다음 중 낱말과 우리말 뜻이 일치하지 <u>않는</u> 것을 고르세요.

① kid — 아이
② age — 나이
③ guy — 남자
④ voice — 얼굴

8 알파벳을 바르게 배열하여 그림에 알맞은 낱말을 쓰세요.

a
l
c m

→ _____

9 퍼즐판의 빈칸에 알맞은 알파벳을 써넣은 후, 나타나는 낱말을 쓰세요.

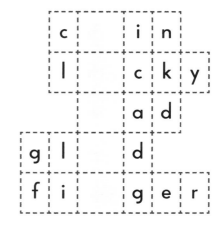

c		i	n
l		c	k	y
		a	d
g	l		d
f	i		g	e	r

→ _____

10~12 우리말 뜻에 맞도록 낱말을 바르게 고쳐 쓰세요.

10 혀 tungue

→ _____

11 두려워하는 afreid

→ _____

12 활동적인 actibe

→ _____

1 낱말을 듣고 따라 말하세요.

elementary school
초등학교

middle school
중학교

high school
고등학교

college
대학

gallery
미술관

bakery
제과점, 빵집

bookstore
서점

gym
체육관

college는 '(단과) 대학'을 가리키며, university는 '(종합) 대학교'를 가리켜요. 엄밀히 보면 다른 의미이지만, 실제 미국 영어에서는 college를 흔히 university의 뜻으로 사용해요.

2 낱말에 알맞은 그림을 연결한 후, 따라 써 보세요.

high school   elementary school

middle school   college

bakery   bookstore   gym   gallery

1 낱말을 듣고 따라 말하세요.

cinema
영화관

office
사무실

studio
스튜디오

airport
공항

city
도시

countryside
시골

helicopter
헬리콥터

yacht
요트

ocean
바다

land
육지, 땅

cable car
케이블 카

jet
제트기

TIP

'영화관'을 영국에서는 cinema, 미국에서는 movie theater 또는 theater 라고 표현해요.

2 자신이 가장 타 보고 싶은 것부터 순서대로 써 보세요.

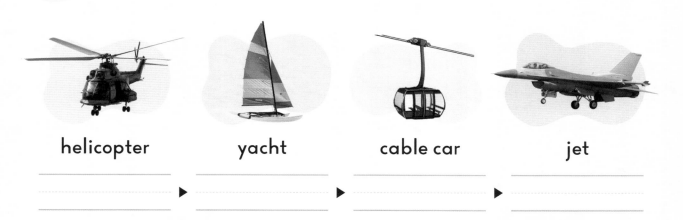

helicopter	yacht	cable car	jet

▶ ▶ ▶

3 낱말에 알맞은 뜻을 연결한 후, 따라 써 보세요.

land • office • ocean • airport •

사무실	육지, 땅	공항	바다

도시	스튜디오	시골	영화관

• • • •

cinema   city   studio   countryside

1 그림에 알맞은 낱말을 찾아 동그라미하세요.

(1)
rand
land
lend

(2)
ocion
ocaen
ocean

(3)
city
sity
citi

(4)
contryside
countriside
countryside

2 그림에 알맞은 낱말을 완성하고, 색깔 상자의 알파벳으로 만든 낱말과 우리말 뜻을 써 보세요.

(1)
☐acht

(2)
j☐t

(3)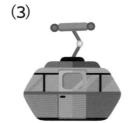
c☐ble car

(4)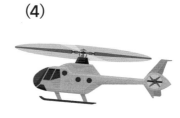
helicopte☐

☐☐☐☐   뜻: _____

3 우리말과 같은 뜻이 되도록 주어진 알파벳으로 시작하는 낱말을 써 보세요.

(1) We are h_____ s_____ students.

우리는 고등학생이야.

(2) We are e_____ s_____ students.

우리는 초등학생이야.

(3) We are m_____ s_____ students.

우리는 중학생이야.

(4) We are c_____ students.

우리는 대학생이야.

4 자신의 동네에 있는 장소들을 살펴보고, 보기 의 낱말을 알맞은 곳에 써 보세요.

보기

airport   bakery   bookstore   cinema
gallery   gym   office   studio

자신의 동네에 있는 곳	자신의 동네에 없는 곳
_____	_____
_____	_____

🎧 **1** 낱말을 잘 듣고, 그림과 일치하지 <u>않는</u> 것을 고르세요.

①

②

③

④

🎧 **2** 낱말을 잘 듣고, 해당하는 낱말을 찾아 동그라미하세요.

(1) **j e t y a c h t c i t y**

(2) **c a b l e c a r o c e a n**

🎧 **3** 낱말을 잘 듣고, 나머지 셋과 성격이 <u>다른</u> 것을 고르세요.

①　　②　　③　　④

🎧 **4** 낱말을 잘 듣고, 그림의 낱말과 첫소리가 같은 것을 고르세요.

office

①　　②　　③　　④

🎧 **5** 낱말을 잘 듣고, 그림과 일치하는 것을 고르세요.

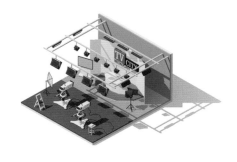

①　　②　　③　　④

6 그림에 알맞은 낱말을 주어진 알파벳으로 시작하여 쓰세요.

→ She is an e＿＿＿＿＿＿
school teacher.

7 다음 중 낱말과 우리말 뜻이 일치하지 <u>않는</u> 것을 고르세요.

① college — 공항
② cable car — 케이블 카
③ high school — 고등학교
④ middle school — 중학교

8 알파벳을 바르게 배열하여 그림에 알맞은 낱말을 쓰세요.

→ ＿＿＿＿＿＿＿＿＿＿

9 퍼즐판의 빈칸에 알맞은 알파벳을 써넣은 후, 나타나는 낱말을 쓰세요.

o		e	a	n
c		n	e	m	a
j	e		
		a	c	h	t

→ ＿＿＿＿＿＿＿＿＿＿

10~12 우리말 뜻에 맞도록 낱말을 바르게 고쳐 쓰세요.

10 헬리콥터 helikopter
→ ＿＿＿＿＿＿＿＿＿＿

11 시골 countriside
→ ＿＿＿＿＿＿＿＿＿＿

12 제과점, 빵집 bekery
→ ＿＿＿＿＿＿＿＿＿＿

1 낱말을 듣고 따라 말하세요.

fire
불

bomb
폭탄

danger
위험

accident
사고

fact
사실

news
소식, 뉴스

newspaper
신문

magazine
잡지

TIP

bomb에서 뒤의 b는 소리가 나지 않아요.

2 낱말에 알맞은 뜻을 연결한 후, 따라 써 보세요.

danger   bomb   fire   accident

위험   사고   폭탄   불

사실   잡지   신문   소식, 뉴스

news   fact   magazine   newspaper

1 낱말을 듣고 따라 말하세요.

cart
수레

basket
바구니

elevator
엘리베이터

escalator
에스컬레이터

captain
선장, (팀의) 주장

score
점수

humor
유머

prize
상

court
경기장, 코트

medal
메달

gesture
몸짓, 제스처

contest
대회, 시합

TIP

'엘리베이터'를 미국 영어에서는 elevator라고 표현하지만,
영국이나 호주 영어에서는 lift라고 표현해요.

2 그림에 알맞은 낱말을 보기 에서 찾아 써 보세요.

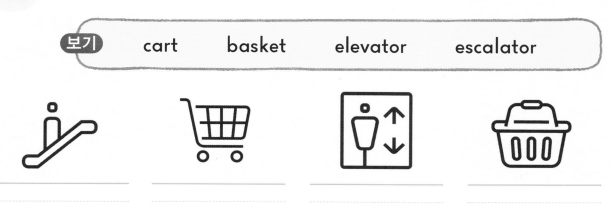

보기   cart   basket   elevator   escalator

_____   _____   _____   _____

3 낱말에 알맞은 그림을 연결한 후, 따라 써 보세요.

prize   court   captain   gesture

medal   humor   contest   score

1 그림에 알맞은 낱말을 찾아 동그라미하고, 낱말과 우리말 뜻을 써 보세요.

faccidentdabombauerdangerlenfireng

(1) 　낱말: _____

뜻: _____

(2) 　낱말: _____

뜻: _____

(3) 　낱말: _____

뜻: _____

(4) 　낱말: _____

뜻: _____

2 알파벳을 바르게 배열하여 그림에 알맞은 낱말을 써 보세요.

(1) 　c e o r s

_____

(2) 　c o r t u

_____

(3) 　a d e l m

_____

(4) 　a c i n a p t

_____

3 우리말과 같은 뜻이 되도록 주어진 알파벳으로 시작하는 낱말을 써 보세요.

(1) I have a good n_____ for you.

너에게 알려 줄 좋은 소식이 있어.

(2) They know the f_____.

그들은 그 사실을 알고 있다.

(3) She likes to read a fashion m_____.

그녀는 패션 잡지를 읽는 것을 좋아한다.

(4) I read about it in the n_____.

나는 신문에서 그것에 관해 읽었다.

4 알맞은 낱말을 써넣어 퍼즐을 완성해 보세요.

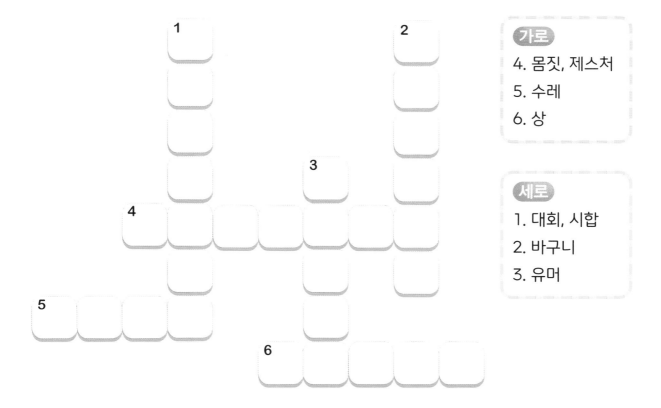

가로
4. 몸짓, 제스처
5. 수레
6. 상

세로
1. 대회, 시합
2. 바구니
3. 유머

1 낱말을 잘 듣고, 그림과 일치하지 <u>않는</u> 것을 고르세요.

①  ②

③   ④

2 낱말을 잘 듣고, 해당하는 낱말을 찾아 동그라미하세요.

(1) firefactcart

(2) medaldangercart

3 낱말을 잘 듣고, 나머지 셋과 성격이 <u>다른</u> 것을 고르세요.

① ② ③ ④

4 낱말을 잘 듣고, 그림의 낱말과 첫소리가 같은 것을 고르세요.

① ② ③ ④

5 낱말을 잘 듣고, 그림과 일치하는 것을 고르세요.

① ② ③ ④

6 그림에 알맞은 낱말을 주어진 알파벳으로 시작하여 쓰세요.

→ a_____

7 다음 중 낱말과 우리말 뜻이 일치하지 <u>않는</u> 것을 고르세요.

① score ― 점수

② humor ― 사람

③ basket ― 바구니

④ contest ― 대회, 시합

8 알파벳을 바르게 배열하여 그림에 알맞은 낱말을 쓰세요.

→ _____

9 퍼즐판의 빈칸에 알맞은 알파벳을 써넣은 후, 나타나는 낱말을 쓰세요.

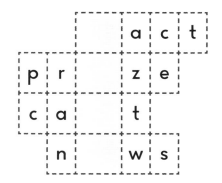

→ _____

10~12 우리말 뜻에 맞도록 낱말을 바르게 고쳐 쓰세요.

10 폭탄 bom

→ _____

11 잡지 megazine

→ _____

12 선장, (팀의) 주장 captin

→ _____

1 낱말을 듣고 따라 말하세요.

diary
일기

schedule
일정, 스케줄

begin
시작하다

finish
끝내다, 마치다

understand
이해하다

advise
조언하다, 충고하다

wish
바라다, 희망하다

believe
믿다

TIP

wish는 동사로 쓰이면 '바라다, 희망하다'라는 뜻이고,
명사로 쓰이면 '소원'이라는 뜻이에요.
Close your eyes and make a **wish**. 눈을 감고 소원을 비세요.

2 낱말에 알맞은 그림을 연결한 후, 따라 써 보세요.

diary   begin   schedule   finish

believe   wish   advise   understand

1 낱말을 듣고 따라 말하세요.

agree
동의하다

decide
결정하다

discuss
상의하다, 논의하다

guess
추측하다

talk
말하다, 이야기하다

control
지배하다, 통제하다

fail
실패하다

succeed
성공하다

guard
보호하다, 지키다

lie
거짓말하다, 거짓말

enter
들어가다

exit
출구, 나가다

TIP

lie는 '거짓말하다, 거짓말'이라는 뜻 외에도 '눕다, 누워 있다'라는 뜻이 있어요.
- Don't **lie** to me. 내게 거짓말하지 마.
- **Lie** on your back. 등을 대고 누워라.

2 그림에 알맞은 낱말을 보기 에서 찾아 써 보세요.

보기   talk   control   guard   lie

lie

3 낱말에 알맞은 뜻을 연결한 후, 따라 써 보세요.

fail   decide   enter   guess

•   •   •   •

| 들어가다 | 실패하다 | 추측하다 | 결정하다 |

| 출구, 나가다 | 성공하다 | 동의하다 | 상의하다,
논의하다 |

•   •   •   •

agree   exit   discuss   succeed

1 같은 색깔의 퍼즐 조각을 맞추어 그림에 알맞은 낱말을 써 보세요.

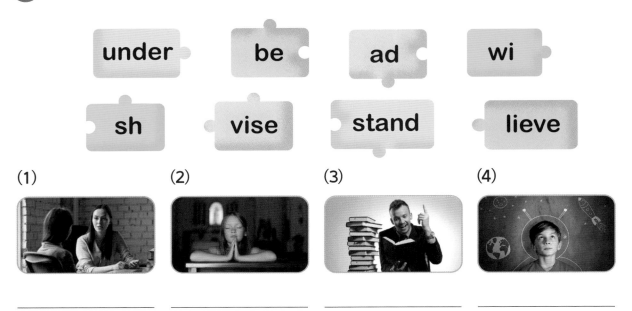

under   be   ad   wi

sh   vise   stand   lieve

(1)

(2)

(3)

(4)

_____ _____ _____ _____

2 낱말의 뜻과 반대되는 그림을 찾아 연결하고, 보기 에서 찾아 써 보세요.

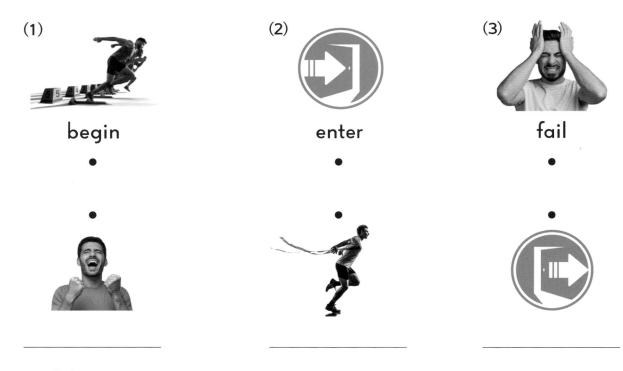

(1)

begin

•

•

(2)

enter

•

•

(3)

fail

•

•

_____ _____ _____

보기

exit   finish   succeed

3 빈칸에 알맞은 알파벳을 써넣어 그림에 알맞은 낱말을 완성해 보세요.

(1) ☐ie

(2) t☐l☐

(3) d☐ar☐

(5) ☐uar☐

(6) co☐tr☐l

(7) s☐hed☐le

4 우리말과 같은 뜻이 되도록 보기 에서 알맞은 낱말을 찾아 써 보세요.

보기

| agreed | decided | discussed | guessed |

(1) We _____ to the plan.   우리는 그 계획에 동의했다.

(2) She _____ my age at 20.   그녀는 내 나이를 20살로 추측했다.

(3) They _____ the problem.   그들은 그 문제를 논의했다.

(4) He _____ to buy the house.   그는 그 집을 사기로 결정했다.

1 낱말을 잘 듣고, 그림과 일치하지 <u>않는</u> 것을 고르세요.

①

②

③

④

2 낱말을 잘 듣고, 해당하는 낱말을 찾아 동그라미하세요.

(1) **g u a r d l i e w i s h**

(2) **c o n t r o l t a l k f a i l**

3 낱말을 잘 듣고, 나머지 셋과 성격이 <u>다른</u> 것을 고르세요.

① ② ③ ④

4 낱말을 잘 듣고, 그림의 낱말과 첫소리가 같은 것을 고르세요.

advise

① ② ③ ④

5 낱말을 잘 듣고, 그림과 일치하는 것을 고르세요.

① ② ③ ④

6 그림에 알맞은 낱말을 주어진 알파벳으로 시작하여 쓰세요.

→ e_____

7 다음 중 낱말과 우리말 뜻이 일치하지 <u>않는</u> 것을 고르세요.

① believe — 믿다

② guess — 보호하다

③ wish — 바라다, 희망하다

④ understand — 이해하다

8 알파벳을 바르게 배열하여 그림에 알맞은 낱말을 쓰세요.

→ _____

9 퍼즐판의 빈칸에 알맞은 알파벳을 써넣은 후, 나타나는 낱말을 쓰세요.

	b	e		i	n
d	i	s	c	s	s
	d	i		r	y
	a	g		e	e
d	e	c	i		e

→ _____

10~12 우리말 뜻에 맞도록 낱말을 바르게 고쳐 쓰세요.

10 일정, 스케줄 scedule

→ _____

11 거짓말하다, 거짓말 lye

→ _____

12 들어가다 entur

→ _____

1 낱말을 듣고 따라 말하세요.

company
회사

boss
상사, 사장

staff
직원

partner
동료, 파트너

business
사업, 업무

factory
공장

project
계획, 프로젝트

seminar
세미나, 토론회

Tip

문에 'STAFF ONLY'라는 문구가 붙어 있는 것을 본 적이 있나요?
'직원들만'이라는 의미로, 우리말로 바꾸면 '관계자 외 출입 금지'라는
뜻이에요. 관계자가 아니면 그곳에 함부로 들어가면 안 돼요.

2 따라 쓴 다음, 알맞은 뜻과 연결해 보세요.

(1) my _boss_ • • 호텔 직원

(2) a car _factory_ • • 나의 상사

(3) the hotel _staff_ • • 자동차 공장

(4) a sales _seminar_ • • 음악 사업

(5) a dance _partner_ • • 어려운 프로젝트

(6) the music _business_ • • 영업 세미나

(7) a big _company_ • • 춤 파트너

(8) a difficult _project_ • • 큰 회사

1 낱말을 듣고 따라 말하세요.

file
파일

cabinet
캐비닛, 보관장

interview
면접, 인터뷰

bonus
보너스, 상여금

background
배경

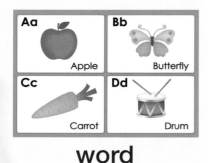

story
이야기

comedy
코미디

fantasy
공상, 상상

word
단어, 낱말

I love you.

sentence
문장

horror
공포

mystery
수수께끼, 미스테리

TIP

대표적인 영화 장르의 표현을 살펴보아요.
- thriller: 공포물, 스릴러 영화
- action: 액션이 가미된 영화
- science fiction: 공상 과학 영화(줄여서 sci-fi[싸이파이]라고 해요.)

2 자신이 가장 좋아하는 영화 장르부터 순서대로 써 보세요.

comedy ▶ fantasy ▶ horror ▶ mystery

3 낱말에 알맞은 뜻을 연결한 후, 따라 써 보세요.

bonus · sentence · interview · word ·

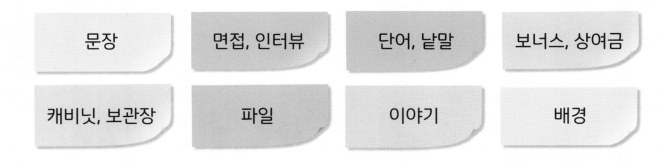

| 문장 | 면접, 인터뷰 | 단어, 낱말 | 보너스, 상여금 |

| 캐비닛, 보관장 | 파일 | 이야기 | 배경 |

· · · ·

file background cabinet story

1 영화 포스터에 어울리는 낱말을 보기 에서 찾아 써 보세요.

보기

comedy   fantasy   horror   mystery

(1)

(2)

(3)

(4)

_____   _____   _____   _____

2 빈칸에 공통으로 들어갈 알파벳을 써 보세요.

(1)

___ile

___actory

(2)

b___nus

pr___ject

(3)

cabin___t

s___minar

(4)

interv___ew

bus___ness

3 그림에 알맞은 낱말에 동그라미한 후, 빈칸에 써 보세요.

(1)
staff
partner

a _____ meeting
직원 회의

(2)
factory
company

a computer _____
컴퓨터 회사

(3)
boss
staff

a new _____
새로운 상사

(4)
partner
project

a business _____
사업 파트너

4 우리말과 같은 뜻이 되도록 주어진 알파벳으로 시작하는 낱말을 써 보세요.

(1) He will read his son a s_____.

그는 아들에게 이야기 하나를 읽어 줄 것이다.

(2) She can't write a difficult s_____.

그녀는 어려운 문장을 쓰지 못한다.

(3) What's the meaning of this w_____?

이 단어의 의미는 무엇이니?

(4) I will tell you the b_____ of the war.

네게 그 전쟁의 배경을 말해 줄게.

1 낱말을 잘 듣고, 그림과 일치하지 않는 것을 고르세요.

①  ②

③  ④

2 낱말을 잘 듣고, 해당하는 낱말을 찾아 동그라미하세요.

(1) filefactorypartner

(2) bonuswordboss

3 낱말을 잘 듣고, 나머지 셋과 성격이 다른 것을 고르세요.

①   ②   ③   ④

4 낱말을 잘 듣고, 그림의 낱말과 첫소리가 같은 것을 고르세요.

①   ②   ③   ④

5 낱말을 잘 듣고, 그림과 일치하는 것을 고르세요.

①   ②   ③   ④

6 그림에 알맞은 낱말을 주어진
알파벳으로 시작하여 쓰세요.

→ s_____

7 다음 중 낱말과 우리말 뜻이 일치하지
<u>않는</u> 것을 고르세요.

① staff — 직원
② story — 단어, 낱말
③ background — 배경
④ partner — 동료, 파트너

8 알파벳을 바르게 배열하여 그림에
알맞은 낱말을 쓰세요.

m i s e r
　　　n　　a

→ _____

9 퍼즐판의 빈칸에 알맞은 알파벳을
써넣은 후, 나타나는 낱말을 쓰세요.

		o	n	u	s	
c		m	p	a	n	y
b	u	i	n	e	s	s
m	y		t	e	r	y

→ _____

10~12 우리말 뜻에 맞도록 낱말을
바르게 고쳐 쓰세요.

10 면접, 인터뷰 intervew

→ _____

11 계획, 프로젝트 projeck

→ _____

12 공포 horor

→ _____

주어진 문장을 따라 쓰고, 배운 낱말을 활용하여 문장을 완성해
보세요.

● 빈도수 묻고 답하기

• How often ~?
: 얼마나 자주 ~?

How often do you go to the bakery?

너는 얼마나 자주 빵집에 가니?

Four times a week.

일주일에 네 번이야.

How often do you go to the   ?

너는 얼마나 자주 체육관에 가니?

Once a month.

한 달에 한 번이야.

● 기대 표현하기

We'll enter middle school.

우리는 중학교에 입학할 거야.

I can't wait.

정말 기대돼!

• will: ~할 것이다

We'll enter   .

우리는 고등학교에 입학할 거야.

_____

정말 기대돼!

• 이해 상태 묻고 나타내기

Do you understand?

이해했니?

I understand.

이해했어.

_____

이해했니?

I see.

알겠어.

• 철자·필기 묻고 답하기

• spell: (단어의)
철자를 말하다(쓰다)

How do you spell the word?

그 단어는 철자를 어떻게 쓰니?

S-E-N-T-E-N-C-E.

sentence(문장)야.

• 의견 표현하기

• I think ~.
: 내 생각에는 ~하다.

I think it's a comedy movie.

나는 그것이 코미디 영화라고 생각해.

I think it's a _____ movie.

나는 그것이 공포 영화라고 생각해.

I think it's a _____ movie.

나는 그것이 판타지 영화라고 생각해.

1 낱말을 듣고 따라 말하세요.

joy
기쁨

chance
가능성, 기회

luck
운, 행운

memory
기억, 기억력

base
기초, 토대

type
유형, 종류

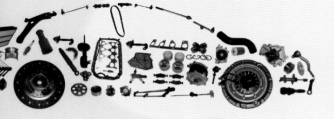

part
일부

place
장소

TIP

우리나라에서 복을 기원하고 행운을 상징하는 물건으로 복조리나 복주머니가 있듯이 미국에서는 2달러 지폐, 유럽에서는 네잎클로버와 말발굽에 박는 편자가 행운을 부른다고 믿어요.

2 따라 쓴 다음, 알맞은 뜻과 연결해 보세요.

(1) good luck • • 미팅 장소

(2) a meeting place • • 나쁜 기억, 나쁜 기억력

(3) real joy • • 비가 올 가능성

(4) a new type of car • • 행운

(5) a bad memory • • 진정한 기쁨

(6) part of the building • • 새로운 종류의 차

(7) a chance of rain • • 건물의 기초

(8) the base of the building • • 건물의 일부

1 낱말을 듣고 따라 말하세요.

question
질문

section
부분, 부문

area
지역, 구역

issue
주제, 쟁점

diet
식사, 식단

fat
지방

100%

percent
퍼센트, 백분율

graph
그래프

calorie
열량, 칼로리

energy
에너지

image
이미지, 인상

chart
도표, 차트

TIP

열량은 음식에 들어 있는 에너지를 말하며, 칼로리(cal)라는 단위를 써요.
음식에는 주로 킬로칼로리(1kcal = 1,000cal)를 사용해요.
아동·청소년기에는 연령, 성별에 따라 하루에 1,500~2,700kcal 정도
먹도록 권장해요.

2 그림에 알맞은 낱말을 보기에서 찾아 써 보세요.

보기 question   section   area   issue

area

3 낱말에 알맞은 뜻을 연결한 후, 따라 써 보세요.

graph   chart   image   energy

•   •   •   •

| 도표, 차트 | 그래프 | 에너지 | 이미지, 인상 |

| 퍼센트, 백분율 | 식사, 식단 | 지방 | 열량, 칼로리 |

•   •   •   •

calorie   fat   diet   percent

1 그림에 알맞은 낱말을 찾아 동그라미하고, 낱말과 우리말 뜻을 써 보세요.

p a b a s e n r p a r t y i s p l a c e n o b t y p e n

(1)

낱말: _____

뜻: _____

(2)

낱말: _____

뜻: _____

(3)

낱말: _____

뜻: _____

(4)

낱말: _____

뜻: _____

2 그림에 알맞은 낱말을 찾아 동그라미하세요.

(1)

fet
fat
feit

(2)

energy
energi
enargy

(3)

dait
diet
dite

(4)

calorie
carorie
carolie

3 틀린 알파벳을 한 개 찾아 그림에 알맞은 낱말로 고쳐 써 보세요.

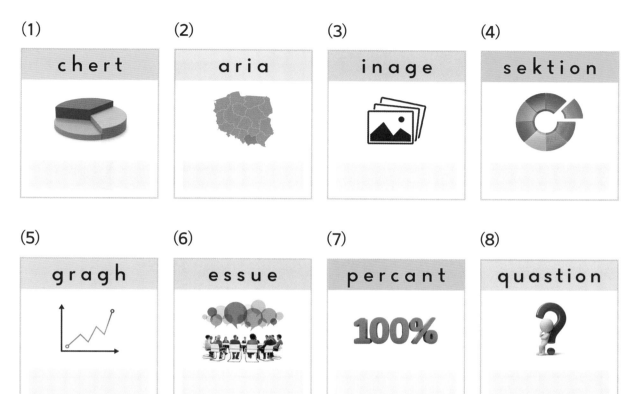

(1) chert

(2) aria

(3) inage

(4) sektion

(5) gragh

(6) essue

(7) percant

(8) quastion

4 우리말과 같은 뜻이 되도록 보기 에서 알맞은 낱말을 찾아 써 보세요.

(1) Please wish me _____.

내게 행운을 빌어줘.

(2) She has a good _____.

그녀는 기억력이 좋다.

(3) We will give a _____ to her.

우리는 그녀에게 기회를 줄 것이다.

(4) You will feel _____ and happiness.

너는 기쁨과 행복을 느낄 것이다.

보기

chance

joy

luck

memory

1 낱말을 잘 듣고, 그림과 일치하지 <u>않는</u> 것을 고르세요.

①

②

③

④

4 낱말을 잘 듣고, 그림의 낱말과 첫소리가 같은 것을 고르세요.

place

①   ②   ③   ④

2 낱말을 잘 듣고, 해당하는 낱말을 찾아 동그라미하세요.

(1) imageareabase

(2) dietluckjoy

5 낱말을 잘 듣고, 그림과 일치하는 것을 고르세요.

①   ②   ③   ④

3 낱말을 잘 듣고, 나머지 셋과 성격이 <u>다른</u> 것을 고르세요.

①   ②   ③   ④

6 다음 빈칸에 공통으로 들어갈 낱말을 주어진 알파벳으로 시작하여 쓰세요.

> • 몸집이 크고 뚱뚱한 남자
>   a big _____ man
> • 많은 지방
>   a lot of _____

→ f_____

7 다음 중 낱말과 우리말 뜻이 일치하지 <u>않는</u> 것을 고르세요.

① joy — 운, 행운
② type — 유형, 종류
③ base — 기초, 토대
④ issue — 주제, 쟁점

8 알파벳을 바르게 배열하여 그림에 알맞은 낱말을 쓰세요.

c s o e
t
i n

→ _____

9 퍼즐판의 빈칸에 알맞은 알파벳을 써넣은 후, 나타나는 낱말을 쓰세요.

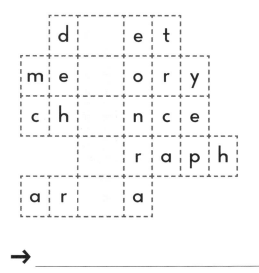

→ _____

10~12 우리말 뜻에 맞도록 낱말을 바르게 고쳐 쓰세요.

10 열량, 칼로리 calori

→ _____

11 일부 fart

→ _____

12 도표, 차트 chert

→ _____

1 낱말을 듣고 따라 말하세요.

basic
기본적인, 기초적인

comic
웃기는, 재미있는

safe
안전한

dangerous
위험한

helpful
도움이 되는

deep
깊은

sleepy
졸리는

unique
독특한, 특별한

TIP

낱말의 끝에 -ful을 붙이면 '가득한'의 의미를 가진 형용사로 바뀌게 돼요.
- help(도움) + -ful = 도움이 가득한 → helpful 도움이 되는
- color(색, 색깔) + ful = 색이 가득한 → colorful 다채로운
- power(힘, 권력) + -ful = 힘이 가득한 → powerful 힘이 센, 강력한

2 낱말에 알맞은 그림을 연결한 후, 따라 써 보세요.

basic   safe   comic   dangerous

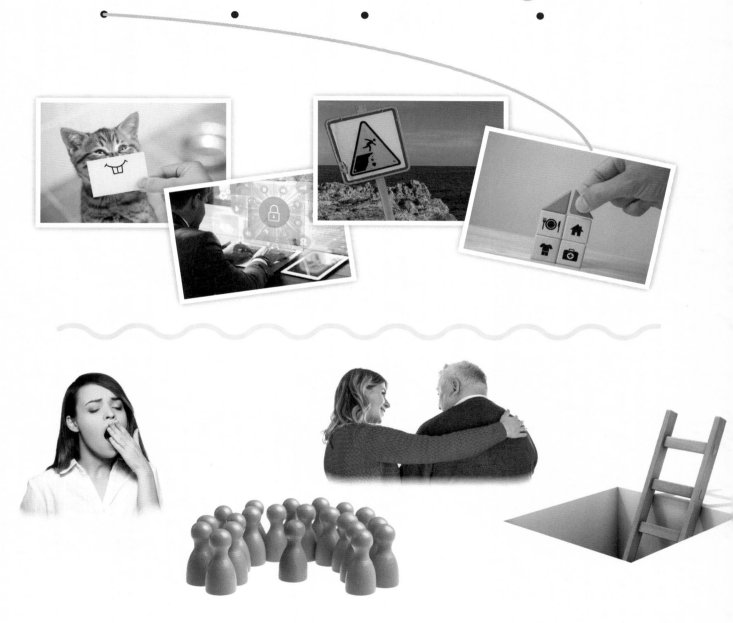

deep   sleepy   unique   helpful

1 낱말을 듣고 따라 말하세요.

ready
준비가 된

certain
확실한, 틀림없는

fantastic
환상적인, 멋진

important
중요한

add
더하다, 추가하다

divide
나누다, 가르다

marry
결혼하다

congratulate
축하하다

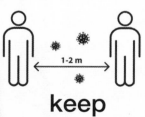
keep
유지하다

exchange
교환하다

surprise
놀라게 하다

graduate
졸업하다

TIP

keep에는 '(상태를) 유지하다', '계속하다', '가지다'라는 다양한 뜻이 있어요.
- **keep** a secret 비밀을 지키다
- **keep** walking to school 학교까지 계속 걸어가다
- **keep** the money 돈을 가지다

2 그림에 알맞은 낱말을 보기 에서 찾아 써 보세요.

보기   add   divide   marry   exchange

_____ _____ _____ _____
_____ _____ _____ _____

3 낱말에 알맞은 뜻을 연결한 후, 따라 써 보세요.

surprise   congratulate   keep   certain
•   •   •   •

| 유지하다 | 확실한, 틀림없는 | 놀라게 하다 | 축하하다 |
| 중요한 | 준비가 된 | 환상적인, 멋진 | 졸업하다 |

•   •   •   •
fantastic   graduate   important   ready

1 그림에 알맞은 낱말을 찾아 동그라미하세요.

(1)
inportant
importent
important

(2)
raedy
ready
readi

(3)
fantastic
pantastic
fantactis

(4)
cartain
certein
certain

2 숨겨진 낱말을 찾아 동그라미하고, 그 낱말에 알맞은 그림을 골라 보세요.

adsurprise

excmarryge

kecongratulate

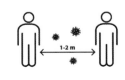

divgraduatecey

3 빈칸에 알맞은 낱말을 **보기** 에서 찾아 퍼즐을 완성해 보세요.

보기

add   basic   comic   dangerous   divide   exchange   safe

가로

2. Please _____ this into four parts.
   이것을 네 등분으로 나눠주세요.

4. I will _____ some sugar.
   나는 설탕을 좀 넣을 거야.

6. We will _____ phone numbers.
   우리는 전화번호를 교환할 것이다.

7. I heard a _____ story.
   나는 웃긴 이야기를 들었다.

세로

1. Keep your money in a _____ place.
   당신의 돈을 안전한 곳에 보관하세요.

2. A lion is a _____ animal.
   사자는 위험한 동물이다.

3. This is a _____ rule of golf.
   이것은 골프의 기본 규칙이다.

1
낱말을 잘 듣고, 그림과 일치하지 <u>않는</u> 것을 고르세요.

①    ②

③    ④

2
낱말을 잘 듣고, 해당하는 낱말을 찾아 동그라미하세요.

(1) certaincomickeep

(2) addmarrydeep

3
낱말을 잘 듣고, 우리말 뜻에 해당하는 것을 고르세요.

더하다, 추가하다

①   ②   ③   ④

4
낱말을 잘 듣고, 그림의 낱말과 첫소리가 같은 것을 고르세요.

①   ②   ③   ④

5
낱말을 잘 듣고, 그림과 일치하는 것을 고르세요.

①   ②   ③   ④

6 그림에 알맞은 낱말을 주어진 알파벳으로 시작하여 쓰세요.

→ e_____

7 다음 중 낱말과 우리말 뜻이 일치하지 <u>않는</u> 것을 고르세요.

① keep — 중단하다
② helpful — 도움이 되는
③ graduate — 졸업하다
④ fantastic — 환상적인, 멋진

8 알파벳을 바르게 배열하여 그림에 알맞은 낱말을 쓰세요.

→ _____

9 퍼즐판의 빈칸에 알맞은 알파벳을 써넣은 후, 나타나는 낱말을 쓰세요.

s	u	r	p		i	s	e
	s	a	f				
		b		s	i	c	
			e	e	p		
m	a	r	r				

→ _____

10~12 우리말 뜻에 맞도록 낱말을 바르게 고쳐 쓰세요.

10 확실한, 틀림없는 certein

→ _____

11 위험한 dengerous

→ _____

12 중요한 important

→ _____

1 낱말을 듣고 따라 말하세요.

chain
사슬, 체인

pipe
관, 파이프

plastic
플라스틱

drill
드릴

brake
브레이크, 제동 장치

speed
속도

track
길, 발자국

engine
엔진

 TIP

속력과 관련하여 우리나라는 미터법을 사용하지만,
미국은 마일(mile) 단위를 써요. 1마일은 약 1,609미터로서
25mile은 약 40km와 같아요.

2 낱말에 알맞은 그림과 뜻을 연결한 후, 따라 써 보세요.

chain   pipe   plastic   drill

| 속도 | 브레이크,
제동 장치 | 엔진 | 길, 발자국 |

brake   track   speed   engine

1

낱말을 듣고 따라 말하세요.

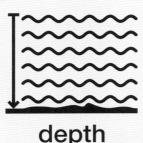

depth
깊이

form
모양, 형태

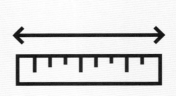

length
길이

weight
무게

battery
건전지, 배터리

heat
열, 열기

bill
고지서, 계산서

menu
메뉴

board
판자

gas
기체, 가스

waiter
(남자) 종업원

supper
저녁 식사

TIP

형용사와 알파벳이 달라지는 명사의 형태에 주의하세요.
- deep 형 깊은 — depth 명 깊이
  deep water 깊은 물 / the **depth** of the water 물의 깊이
- long 형 긴 — length 명 길이
  long hair 긴 머리 / the **length** of her hair 그녀의 머리 길이

2 그림에 알맞은 낱말을 보기 에서 찾아 써 보세요.

보기   battery   heat   board   gas

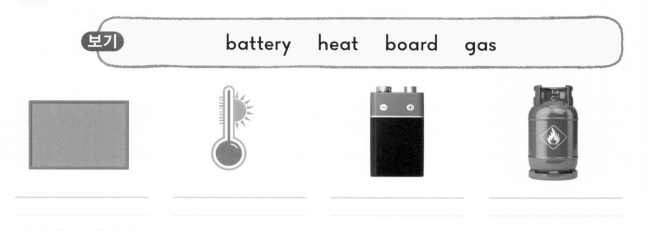

3 낱말에 알맞은 뜻을 연결한 후, 따라 써 보세요.

•　　　•　　　•　　　•

| 깊이 | 메뉴 | 길이 | 저녁 식사 |

| 고지서, 계산서 | 무게 | (남자) 종업원 | 모양, 형태 |

•　　　•　　　•　　　•

1 수수께끼의 답을 **보기** 에서 찾아 써 보세요.

보기

depth   form   length   weight

(1) 물건의 무거운 정도를 무엇이라고 할까요? _____

(2) 사물의 생김새나 모습을 무엇이라고 할까요? _____

(3) 위에서 밑바닥까지 거리는 무엇이라고 할까요? _____

(4) 두 개의 물건이 떨어져 있는 간격을 무엇이라고 할까요? _____

2 그림에 알맞은 낱말을 찾아 동그라미한 후, 써 보세요.

(1)
b y d r i l l e

_____

(2)
p l a s t i c e

_____

(3)
c h a p i p e a

_____

(4)
c h a i n e m i

_____

(5)
p i b i l l y e

_____

(6)
c s u p p e r i

_____

(7)
w a i t e r c e

_____

(8)
n e m e n u e y

_____

3 그림에 알맞은 낱말을 찾아 동그라미하세요.

(1)
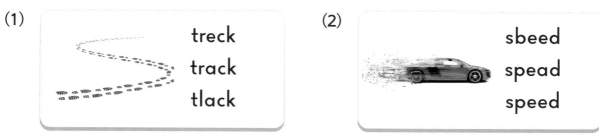
treck
track
tlack

(2)
sbeed
spead
speed

(3)
brake
break
blake

(4)
angine
engine
engyne

4 우리말과 같은 뜻이 되도록 알맞은 낱말을 찾아 연결하세요.

(1)
They carried the ⬚.
그들은 판자를 운반했다.

•   • heat

(2)
She changed the ⬚.
그녀는 건전지를 교체했다.

•   • gas

(3)
He felt the ⬚ of the sun.
그는 태양의 열기를 느꼈다.

•   • board

(4)
There is a lot of ⬚ in the air.
공기에는 많은 기체가 있다.

•   • battery

1 낱말을 잘 듣고, 그림과 일치하지 <u>않는</u> 것을 고르세요.

①

②

③

④

2 낱말을 잘 듣고, 해당하는 낱말을 찾아 동그라미하세요.

(1) drillgaslength

(2) pipebillboard

3 낱말을 잘 듣고, 나머지 셋과 성격이 <u>다른</u> 것을 고르세요.

① ② ③ ④

4 낱말을 잘 듣고, 그림의 낱말과 첫소리가 같은 것을 고르세요.

weight

① ② ③ ④

5 낱말을 잘 듣고, 그림과 일치하는 것을 고르세요.

① ② ③ ④

6 그림에 알맞은 낱말을 주어진 알파벳으로 시작하여 쓰세요.

→ m_____

7 다음 중 낱말과 우리말 뜻이 일치하지 <u>않는</u> 것을 고르세요.

① engine – 엔진

② heat – 열, 열기

③ gas – 기체, 가스

④ track – 모양, 형태

8 알파벳을 바르게 배열하여 그림에 알맞은 낱말을 쓰세요.

→ _____

9 퍼즐판의 빈칸에 알맞은 알파벳을 써넣은 후, 나타나는 낱말을 쓰세요.

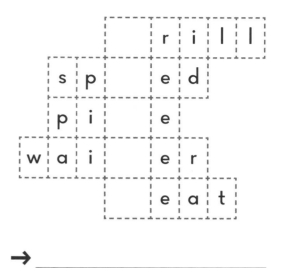

→ _____

10~12 우리말 뜻에 맞도록 낱말을 바르게 고쳐 쓰세요.

10 플라스틱 flastic

→ _____

11 브레이크, 제동 장치 braike

→ _____

12 저녁 식사 super

→ _____

1 낱말을 듣고 따라 말하세요.

branch
나뭇가지

leaf
잎

seed
씨앗

root
뿌리

forest
숲

grass
풀

rock
바위, 돌

echo
울림, 메아리

TIP

leaf(잎)의 복수형은 leaves예요. -f 또는 -fe로 끝나는 명사의 복수형은
-f 또는 -fe를 v로 바꾸고 -es를 붙여요. wolf(늑대)의 복수형은 wolves,
knife(칼)의 복수형은 knives예요.

2 낱말에 알맞은 그림을 연결한 후, 따라 써 보세요.

root   branch   leaf   seed

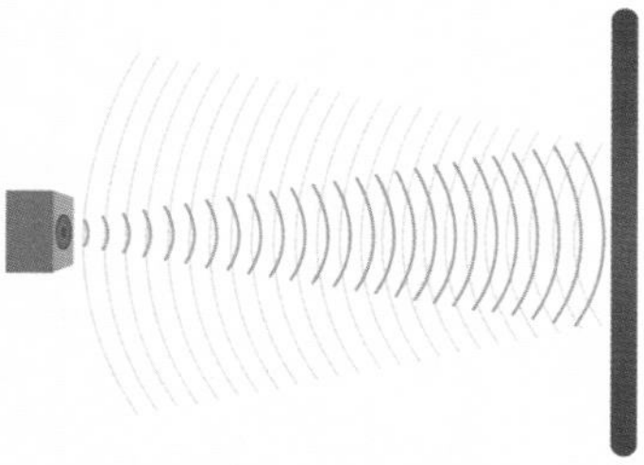

•   •   •   •

~~~~~~~~~~~~~~~~~~~~~~~~~~~~~~~~~~~

•   •   •   •

grass   echo   rock   forest

1 낱말을 듣고 따라 말하세요.

airline
항공사

ticket
표, 티켓

passport
여권

luggage
(여행용) 짐

heaven
천국

castle
성

battle
전투

power
힘, 권력

palace
궁전, 궁궐

crown
왕관

campaign
캠페인

spy
스파이, 첩자

TIP

castle[캐슬]에서 t와 campaign[캠페인]에서 g는 소리가 나지 않아요.

2 그림에 알맞은 낱말을 보기 에서 찾아 써 보세요.

보기   ticket   passport   luggage   airline

_____   _____   _____   _____

3 낱말에 알맞은 뜻을 연결한 후, 따라 써 보세요.

crown   spy   castle   campaign
•   •   •   •

| 성 | 왕관 | 캠페인 | 스파이, 첩자 |

| 전투 | 힘, 권력 | 천국 | 궁전, 궁궐 |

•   •   •   •

power   palace   battle   heaven

1 그림에 알맞은 낱말을 찾아 동그라미하고, 낱말과 우리말 뜻을 써 보세요.

laticketarluggageeupassportoyairline

(1) 　낱말: _____

뜻: _____

(2) 　낱말: _____

뜻: _____

(3) 　낱말: _____

뜻: _____

(4) 　낱말: _____

뜻: _____

2 틀린 알파벳을 한 개 찾아 그림에 알맞은 낱말로 고쳐 써 보세요.

(1)
spi

(2)
kastle

(3)
bettle

(4)
clown

(5)
powar

(6)
palase

(7)
canpaign

(8)
heiven

3 우리말과 같은 뜻이 되도록 주어진 알파벳으로 시작하는 낱말을 써 보세요.

(1) We played on the g_____.

우리는 풀 위에서 놀았다.

(2) She walked in the f_____.

그녀는 숲속을 걸었다.

(3) I heard the e_____ of my voice.

나는 내 목소리의 메아리를 들었다.

(4) He broke the window with a r_____.

그는 돌로 창문을 깼다.

4 그림에 알맞은 문장 번호를 빈칸에 써 보세요.

What is that?   저것은 무엇이니?

① That's a leaf.

② That's a root.

③ That's a seed.

④ That's a branch.

1 낱말을 잘 듣고, 그림과 일치하지 <u>않는</u> 것을 고르세요.

①  ②

③  ④

2 낱말을 잘 듣고, 해당하는 낱말을 찾아 동그라미하세요.

(1)

palacepowerspy

(2)

rootrockleaf

3 낱말을 잘 듣고, 나머지 셋과 성격이 <u>다른</u> 것을 고르세요.

① ② ③ ④

4 낱말을 잘 듣고, 그림의 낱말과 첫소리가 같은 것을 고르세요.

palace

① ② ③ ④

5 낱말을 잘 듣고, 그림과 일치하는 것을 고르세요.

① ② ③ ④

6 그림에 알맞은 낱말을 주어진 알파벳으로 시작하여 쓰세요.

→ t_____

7 다음 중 낱말과 우리말 뜻이 일치하지 <u>않는</u> 것을 고르세요.

① battle — 평화
② heaven — 천국
③ airline — 항공사
④ spy — 스파이, 첩자

8 알파벳을 바르게 배열하여 그림에 알맞은 낱말을 쓰세요.

→ _____

9 퍼즐판의 빈칸에 알맞은 알파벳을 써넣은 후, 나타나는 낱말을 쓰세요.

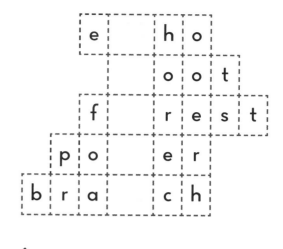

→ _____

10~12 우리말 뜻에 맞도록 낱말을 바르게 고쳐 쓰세요.

10 캠페인 campain

→ _____

11 씨앗 sied

→ _____

12 성 casle

→ _____

1 낱말을 듣고 따라 말하세요.

ill
아픈

absent
결석한

polite
공손한, 예의 바른

excellent
훌륭한

perfect
완벽한

boring
재미없는, 지루한

friendly
친절한, 다정한

exciting
흥미진진한

TIP

boring(지루한)/exciting(신나는)은 그 감정을 불러일으키는 대상에 쓰이고,
bored(지루한)/excited(신이 난)는 그 감정을 느끼는 사람에 쓰여요.
• This book is **boring**. 이 책은 지루하다. / I'm **bored**. 나는 지루하다.
• This game is **exciting**. 이 게임은 신난다. / I'm **excited**. 나는 신이 난다.

2 우리말과 같은 뜻이 되도록 보기 에서 알맞은 낱말을 찾아 써 보세요.

보기 ill absent polite excellent boring perfect friendly exciting

(1)

The movie was _____.
그 영화는 지루했다.

(2)

She is an _____ teacher.
그녀는 훌륭한 선생님이시다.

(3)

The show was _____.
그 공연은 흥미진진했다.

(4)

He is _____ to everyone.
그는 모든 사람에게 공손하다.

(5)

The hotel staff is _____.
그 호텔 직원은 친절하다.

(6)

I was _____ yesterday.
나는 어제 아팠다.

(7)

He speaks _____ English.
그는 완벽한 영어를 한다.

(8)

She was _____ from school yesterday.
그녀는 어제 학교에 결석했다.

1 낱말을 듣고 따라 말하세요.

special
특별한

favorite
가장 좋아하는

powerful
강력한, 힘 있는

wonderful
멋진, 훌륭한

clever
영리한

curious
호기심이 많은

designer
디자이너

musician
음악가

foolish
어리석은

nervous
불안한, 초조한

dentist
치과의사

engineer
엔지니어, 기술자

TIP

favorite을 활용하여 가장 좋아하는 것을 묻고 답할 수 있어요.

A: What's your favorite season? 네가 가장 좋아하는 계절은 무엇이니?

B: My favorite season is summer. 내가 가장 좋아하는 계절은 여름이야.

2 그림과 관련 있는 직업을 보기 에서 찾아 써 보세요.

보기   designer   musician   dentist   engineer

3 낱말에 알맞은 뜻을 연결한 후, 따라 써 보세요.

special   nervous   powerful   curious

| 강력한, 힘 있는 | 특별한 | 호기심이 많은 | 불안한, 초조한 |

| 멋진, 훌륭한 | 영리한 | 어리석은 | 가장 좋아하는 |

clever   wonderful   favorite   foolish

1 자신이 하고 싶은 일을 발표하고 있어요. 각 사람에게 어울리는 직업을
보기 에서 찾아 써 보세요.

보기

designer   musician   dentist   engineer

(1)  이가 아픈 사람들을 치료하고 싶어요. _____

(2)  기계를 전문적으로 다루는 일을 하고 싶어요. _____

(3)  내가 상상하는 멋진 옷을 디자인하고 싶어요. _____

(4)  내가 듣고 싶은 음악을 작곡하고 연주하고 싶어요. _____

2 숨겨진 낱말을 찾아 동그라미하고, 그 낱말에 알맞은 그림을 골라 보세요.

a s p o l i t e n t

f o v a b s e n t r

g u p o e a r i l l

e x c e l l e n t y

3 빈칸에 알맞은 알파벳을 써넣어 그림에 알맞은 낱말을 완성해 보세요.

(1) c☐eve☐

(2) ner☐ou☐

(3) fr☐en☐ly

(4) ☐orin☐

(5) ☐oolis☐

(6) cu☐iou☐

(7) po☐erf☐l

(8) ☐er☐ect

4 우리말과 같은 뜻이 되도록 보기 에서 알맞은 낱말을 찾아 써 보세요.

(1) She is a ＿＿＿＿＿＿ singer.

그녀는 훌륭한 가수이다.

(2) I have a very ＿＿＿＿＿＿ plan.

나는 매우 특별한 계획이 있다.

(3) The movie is fun and ＿＿＿＿＿＿.

그 영화는 재미있고 흥미롭다.

(4) Summer is my ＿＿＿＿＿＿ season.

여름은 내가 가장 좋아하는 계절이다.

보기

exciting

favorite

special

wonderful

1 낱말을 잘 듣고, 그림과 일치하지 <u>않는</u> 것을 고르세요.

①  ②

③  ④

 2 낱말을 잘 듣고, 해당하는 낱말을 찾아 동그라미하세요.

(1) foolishfavorite

(2) absentspecialill

 3 낱말을 잘 듣고, 나머지 셋과 성격이 <u>다른</u> 것을 고르세요.

①　②　③　④

 4 낱말을 잘 듣고, 그림의 낱말과 첫소리가 같은 것을 고르세요.

curious

①　②　③　④

 5 낱말을 잘 듣고, 그림과 일치하는 것을 고르세요.

①　②　③　④

6 그림에 알맞은 낱말을 주어진 알파벳으로 시작하여 쓰세요.

→ p_____

7 다음 중 낱말과 우리말 뜻이 일치하지 <u>않는</u> 것을 고르세요.

① absent – 출석한
② polite – 공손한, 예의 바른
③ friendly – 친절한, 다정한
④ boring – 재미없는, 지루한

8 알파벳을 바르게 배열하여 그림에 알맞은 낱말을 쓰세요.

→ _____

9 퍼즐판의 빈칸에 알맞은 알파벳을 써넣은 후, 나타나는 낱말을 쓰세요.

d	e	s		g	n	e	r
		c		e	v	e	r
f	o	o		i	s	h	

→ _____

10~12 우리말 뜻에 맞도록 낱말을 바르게 고쳐 쓰세요.

10 멋진, 훌륭한 wondorful

→ _____

11 흥미진진한 exsiting

→ _____

12 엔지니어, 기술자 engeneer

→ _____

주어진 문장을 따라 쓰고, 배운 낱말을 활용하여 문장을 완성해 보세요.

● 놀람 표현하기

● surprise
: 뜻밖의 놀라운 일

What a surprise!

놀라워라!

놀라워라!

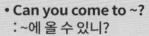

● Can you come to ~?
: ~에 올 수 있니?

● 초대에 응답하기

Can you come to my castle?

내 성에 올 수 있니?

Of course.

물론이지.

Can you come to my   ?

내 궁전에 올 수 있니?

Sorry, I can't.

미안, 못 가.

92

• 위로·격려하기

Don't worry.

걱정하지 마.

_____

걱정하지 마.

• 동의 구하기

• ~, isn't he/she?
: ~, 그렇지 않니?

He is friendly, isn't he?

그는 친절해, 그렇지 않니?

He _____ ?

그는 공손해, 그렇지 않니?

She is lovely, isn't she?

그녀는 사랑스러워, 그렇지 않니?

She _____ ?

그녀는 완벽해, 그렇지 않니?

• 장래희망 묻고 답하기

• I want to be a(n)
+ 직업 이름.
: 나는 ~이 되고 싶어.

What do you want to be?

너는 무엇이 되고 싶니?

I want to be a dentist.

나는 치과의사가 되고 싶어.

_____

너는 무엇이 되고 싶니?

I want to be _____ .

나는 (자신의 장래희망)이 되고 싶어.

• worry
: 걱정, 걱정하다

1 낱말을 듣고 따라 말하세요.

January
1월

February
2월

March
3월

April
4월

May
5월

June
6월

July
7월

August
8월

TIP

다음 표현을 이용하여 지금이 몇 월인지 묻고 답할 수 있어요.

A: What month is it now? 지금 몇 월이니?

B: It's February. 2월이야.

2 낱말에 알맞은 뜻을 연결한 후, 따라 써 보세요.

April   June   March   August
 •   •   •   •

| 3월 | 4월 | 8월 | 6월 |

〜〜〜〜〜〜〜〜〜〜〜〜〜〜

| 7월 | 2월 | 1월 | 5월 |

 •   •   •   •
January   July   May   February

1 낱말을 듣고 따라 말하세요.

September
9월

October
10월

November
11월

December
12월

line
선

circle
원

top
꼭대기, 정상

bottom
맨 아래, 바닥

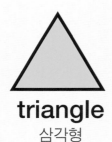

triangle
삼각형

square
정사각형

middle
중앙, 중간

side
옆면, 옆부분

TIP

미국에서는 매년 10월 31일에 핼러윈(Halloween) 축제를 즐긴답니다.
아이들은 유령이나 마녀, 괴물로 분장하고 이웃집을 찾아다니면서 사탕과
초콜릿 등을 얻는데, 이때 '과자를 안 주면 장난칠 거예요!'라는 의미의
Trick or treat![트릭 오어 트릿]을 외친답니다.

2 따라 쓴 다음, 알맞은 뜻과 연결해 보세요.

(1) in a circle •   • 바닥에

(2) at the bottom •   • 원을 지어

(3) a red triangle •   • 차 옆면

(4) the side of the car •   • 직선

(5) a straight line •   • 빨간 삼각형

(6) the middle of the road •   • 도로 한가운데

(7) a square table •   • 나무 꼭대기

(8) the top of the tree •   • 정사각형 테이블

1 그림에 알맞은 낱말에 동그라미한 후, 빈칸에 써 보세요.

(1)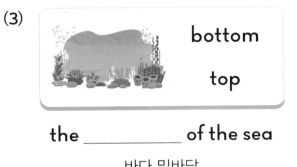

middle

side

the _____ of the face

얼굴의 옆면

(2)

top

bottom

the _____ of the mountain

산꼭대기

(3)

bottom

top

the _____ of the sea

바다 밑바닥

(4)

side

middle

in the _____ of the room

방 한가운데에

2 주어진 문장에 알맞은 그림을 찾아 연결해 보세요.

(1) Draw a circle.　　　　　•　　　•　

(2) Draw a square.　　　　•　　　•

(3) Draw a line.　　　　　　•　　　•

(4) Draw a triangle.　　　　•　　　•

③ 우리말과 같은 뜻이 되도록 낱말을 완성하고, 색칠된 칸의 단어가 몇 월을 나타내는지 써 보세요.

(1) 7월 ·· [ ][ ][l]

(2) 2월 ················· [F][b][ ][ ][y]

(3) 6월 ··········· [u]

(4) 8월 ················· [g][s]

(5) 3월 ················· [M][h]

(6) 4월 ················· [A][i]

(7) 5월 ················· [a]

↓

[ ]월

④ 그림에 알맞은 대답을 완성해 보세요.

What month is it now? 지금 몇 월이니?

(1) 11 It's a _____.

(2) 9 It's a _____.

(3) 12 It's a _____.

(4) 10 It's an _____.

1 낱말을 잘 듣고, 그림과 일치하지 <u>않는</u> 것을 고르세요.

①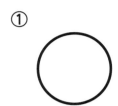

②

③

④

2 낱말을 잘 듣고, 해당하는 낱말을 찾아 동그라미하세요.

(1) MarchApriltop

(2) squareSeptember

3 낱말을 잘 듣고, 나머지 셋과 성격이 <u>다른</u> 것을 고르세요.

① ② ③ ④

4 낱말을 잘 듣고, 그림의 낱말과 첫소리가 같은 것을 고르세요.

July

① ② ③ ④

5 낱말을 잘 듣고, 그림과 일치하는 것을 고르세요.

① ② ③ ④

6 그림에 알맞은 낱말을 주어진 알파벳으로 시작하여 쓰세요.

→ s_____

7 다음 중 낱말과 우리말 뜻이 일치하지 <u>않는</u> 것을 고르세요.

① May — 3월
② October — 10월
③ top — 꼭대기, 정상
④ December — 12월

8 알파벳을 바르게 배열하여 그림에 알맞은 낱말을 쓰세요.

t   b   m
o   o
t

→ _____

9 퍼즐판의 빈칸에 알맞은 알파벳을 써넣은 후, 나타나는 낱말을 쓰세요.

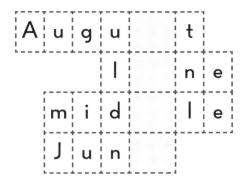

A	u	g	u		t
			l		n	e
	m	i	d		l	e
	J	u	n		

→ _____

10~12 우리말 뜻에 맞도록 낱말을 바르게 고쳐 쓰세요.

10   1월 Januery

→ _____

11   2월 February

→ _____

12   11월 Nobember

→ _____

1 낱말을 듣고 따라 말하세요.

clothes
옷, 의복

brand
상표, 브랜드

cash
현금

service
서비스

cotton
목화, 솜, 면

wool
양털, 모직

silk
비단

leather
가죽

TIP

나이키(Nike)라는 말을 들었을 때, 운동화를 비롯한 다양한 스포츠용품과 그 회사의 로고가 자연스럽게 연상되지요? 이렇듯 브랜드(brand)란 사업자가 자기 상품을 차별화하기 위해 사용하는 독특한 이름이나 기호 등을 말해요.

2 우리말과 같은 뜻이 되도록 보기 에서 알맞은 낱말을 찾아 써 보세요.

보기 brand clothes cash service cotton wool silk leather

(1) 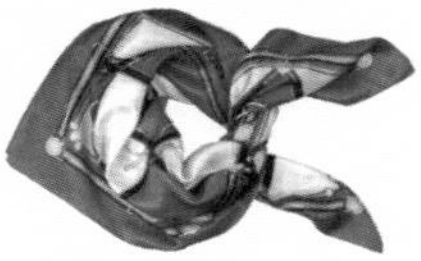 _____
a _____ scarf
비단 스카프

(2)  _____
a _____ shop
옷 가게

(3)  _____
a _____ sweater
양털로 짠 스웨터

(4)  _____
in _____
현금으로

(5)  _____
a _____ bag
가죽 가방

(6)  _____
a hotel _____
호텔 서비스

(7)  _____
a white _____ shirt
흰 면 셔츠

(8)  _____
a strong _____ image
강력한 브랜드 이미지

1 낱말을 듣고 따라 말하세요.

hormone
호르몬

sample
표본, 샘플

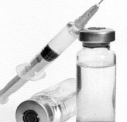

vaccine
백신

mask
마스크

technology
기술

Internet
인터넷

telephone
전화, 전화기

smartphone
스마트폰

virus
바이러스

website
웹사이트

emoticon
이모티콘

application
응용 프로그램

 Tip

application(애플리케이션)은 스마트폰에서 실행하는 응용 프로그램을 말하며, 줄여서 '앱(app)'이라고도 불러요.

2 따라 쓴 다음, 알맞은 뜻과 연결해 보세요.

(1) a cold virus • • 혈액 샘플

(2) on the Internet • • 감기 바이러스

(3) a blood sample • • 인터넷 상에서

(4) a telephone call • • 스트레스 호르몬

(5) a stress hormone • • 전화 통화

(6) a website address • • 새로운 스마트폰

(7) a new smartphone • • 컴퓨터 기술

(8) computer technology • • 웹사이트 주소

1 재료의 특성을 살펴보고 보기 에서 낱말을 찾아 써 보세요.

보기

cotton   wool   silk   leather

(1)

the _____ dress

(2)

the _____ towel

(3)

the _____ jacket

(4)

the _____ coat

2 우리말과 같은 뜻이 되도록 보기 에서 알맞은 낱말을 찾아 써 보세요.

(1) I must get some _____.

나는 현금을 좀 마련해야 해.

(2) I need some new _____.

나는 새 옷이 좀 필요해.

(3) What is the _____ of your shoes?

네 신발 상표가 무엇이니?

(4) The restaurant gives us good _____.

그 식당은 우리에게 좋은 서비스를 제공한다.

보기

brand

clothes

cash

service

3 그림에 알맞은 낱말을 찾아 동그라미하세요.

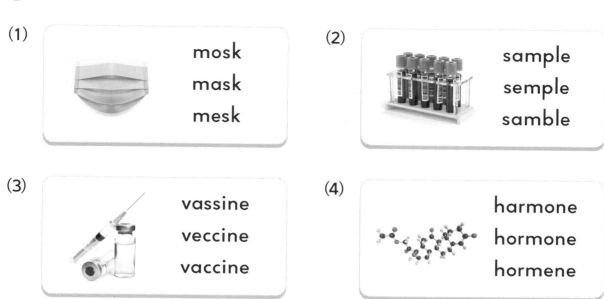

(1)
mosk
mask
mesk

(2)
sample
semple
samble

(3)
vassine
veccine
vaccine

(4)
harmone
hormone
hormene

4 그림에 알맞은 낱말을 완성하고, 색깔 상자의 알파벳으로 만든 낱말과 우리말 뜻을 써 보세요.

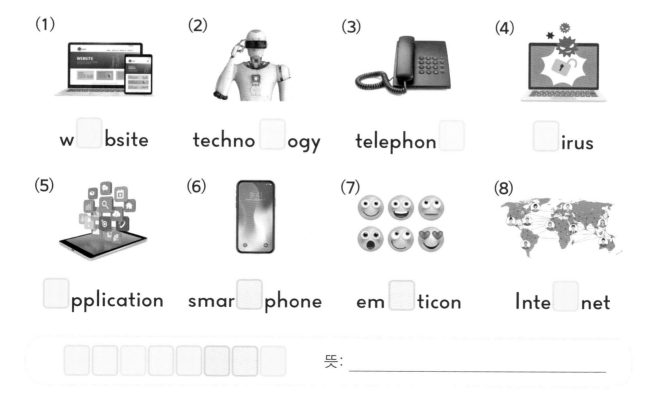

(1) w☐bsite

(2) techno☐ogy

(3) telephon☐

(4) ☐irus

(5) ☐pplication

(6) smar☐phone

(7) em☐ticon

(8) Inte☐net

뜻: _____

1 낱말을 잘 듣고, 그림과 일치하지 <u>않는</u> 것을 고르세요.

①

②

③

④

4 낱말을 잘 듣고, 그림의 낱말과 첫소리가 같은 것을 고르세요.

cotton

①　　②　　③　　④

2 낱말을 잘 듣고, 해당하는 낱말을 찾아 동그라미하세요.

(1) virusInternetsilk

(2) cottonwoolbrand

5 낱말을 잘 듣고, 그림과 일치하는 것을 고르세요.

①　　②　　③　　④

3 낱말을 잘 듣고, 나머지 셋과 성격이 <u>다른</u> 것을 고르세요.

①　　②　　③　　④

6 그림에 알맞은 낱말을 주어진 알파벳으로 시작하여 쓰세요.

→ l_____

7 다음 중 낱말과 우리말 뜻이 일치하지 <u>않는</u> 것을 고르세요.

① **virus** — 바이러스
② **service** — 서비스
③ **sample** — 표본, 샘플
④ **website** — 응용 프로그램

8 알파벳을 바르게 배열하여 그림에 알맞은 낱말을 쓰세요.

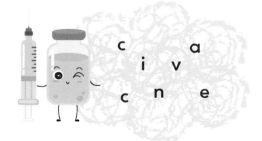

→ _____

9 퍼즐판의 빈칸에 알맞은 알파벳을 써넣은 후, 나타나는 낱말을 쓰세요.

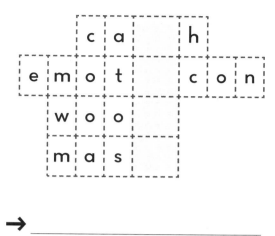

→ _____

10~12 우리말 뜻에 맞도록 낱말을 바르게 고쳐 쓰세요.

10 호르몬 **hormoni**

→ _____

11 기술 **tecknology**

→ _____

12 전화, 전화기 **teliphone**

→ _____

1 낱말을 듣고 따라 말하세요.

film
영화, 필름

concert
연주회, 콘서트

musical
뮤지컬

art
예술

fiction
소설, 허구

parade
퍼레이드

drama
드라마, 연극

scenario
시나리오, 각본

TIP

'영화'를 영국에서는 주로 film이라고, 미국에서는 주로 movie라고 해요.

2 낱말에 알맞은 뜻을 연결한 후, 따라 써 보세요.

concert   art   musical   film

•   •   •   •

| 뮤지컬 | 영화, 필름 | 연주회, 콘서트 | 예술 |

| 드라마, 연극 | 시나리오, 각본 | 퍼레이드 | 소설, 허구 |

•   •   •   •

parade   fiction   drama   scenario

1 낱말을 듣고 따라 말하세요.

accent
말씨, 악센트, 억양

dialogue
대화

speak
말하다, 이야기하다

introduce
소개하다

alarm
경보, 알람

carol
캐럴

wedding
결혼(식)

couple
커플, 부부

condition
상태

recreation
레크리에이션, 오락

band
밴드, 악단

guest
손님

TIP

자신을 소개할 때는 introduce를 활용하여 다음과 같이 말할 수 있어요.
Hi. Let me **introduce** myself. 안녕. 내 소개를 할게.

2 우리말과 같은 뜻이 되도록 보기 에서 알맞은 낱말을 찾아 써 보세요.

보기 speak   introduce   alarm   carol   condition
        wedding   couple   band

(1)
Let's sing a _____.
캐롤을 부르자.

(2)
They had a quiet _____.
그들은 조용한 결혼식을 치뤘다.

(3)
Let me _____ myself.
내 소개를 할게요.

(4)
This car is in good _____.
이 차는 상태가 좋다.

(5)
Look at the happy _____.
행복한 커플을 좀 보세요.

(6)
I can _____ English well.
나는 영어를 잘 말할 수 있어.

(7)
He plays guitar in a _____.
그는 밴드에서 기타를 연주한다.

(8)
I set the _____ for 7 o'clock.
나는 7시로 알람을 맞췄다.

1 빈칸에 공통으로 들어갈 알파벳을 써 보세요.

(1)

__peak

__cenario

(2)

ban__

we__ding

(3)

ca__ol

pa__ade

(4)

g__est

co__ple

2 우리말과 같은 뜻이 되도록 알맞은 낱말을 찾아 연결하세요.

(1) a ⬜ actor
뮤지컬 배우
• • concert

(2) watch a ⬜
영화를 보다
• • film

(3) go to a ⬜
콘서트에 가다
• • musical

3 우리말과 같은 뜻이 되도록 주어진 알파벳으로 시작하는 낱말을 써 보세요.

(1) Listen to the d_____.   대화를 들어보세요.

(2) He heard the fire a_____.   그는 화재 경보를 들었다.

(3) Let me i_____ my family.   제 가족을 소개할게요.

(4) They speak with a British a_____.

그들은 영국 억양으로 말한다.

4 표를 보고, 암호가 나타내는 낱말과 우리말 뜻을 써 보세요.

★	①	②	③	♥	④	⑤	⑥	♠	⑦	⑧	⑨	⑩
a	b	c	d	e	f	g	h	i	j	k	l	m

⑪	♣	⑫	⑬	⑭	⑮	⑯	♦	⑰	⑱	⑲	⑳	㉑
n	o	p	q	r	s	t	u	v	w	x	y	z

(1) ③ ⑭ ★ ⑩ ★

낱말: _____

뜻: _____

(2) ④ ♠ ② ⑯ ♠ ♣ ⑪

낱말: _____

뜻: _____

(3) ② ♣ ⑪ ③ ♠ ⑯ ♠ ♣ ⑪

낱말: _____

뜻: _____

(4) ⑭ ♥ ② ⑭ ♥ ★ ⑯ ♠ ♣ ⑪

낱말: _____

뜻: _____

1 낱말을 잘 듣고, 그림과 일치하지 <u>않는</u> 것을 고르세요.

①

②

③

④

2 낱말을 잘 듣고, 해당하는 낱말을 찾아 동그라미하세요.

(1) carolcouplespeak

(2) artalarmaccent

3 낱말을 잘 듣고, 나머지 셋과 성격이 <u>다른</u> 것을 고르세요.

①　②　③　④

4 낱말을 잘 듣고, 그림의 낱말과 첫소리가 같은 것을 고르세요.

alarm

①　②　③　④

5 낱말을 잘 듣고, 그림과 일치하는 것을 고르세요.

①　②　③　④

6 그림에 알맞은 낱말을 주어진 알파벳으로 시작하여 쓰세요.

→ i_____

7 다음 중 낱말과 우리말 뜻이 일치하지 <u>않는</u> 것을 고르세요.

① art – 예술
② guest – 손님
③ fiction – 사실
④ condition – 상태

8 알파벳을 바르게 배열하여 그림에 알맞은 낱말을 쓰세요.

n e c o
c r t

→ _____

9 퍼즐판의 빈칸에 알맞은 알파벳을 써넣은 후, 나타나는 낱말을 쓰세요.

f	i		t	i	o	n
a	l		r	m		
p	a		a	d	e	
	c		u	p	l	e
f	i		m			

→ _____

10~12 우리말 뜻에 맞도록 낱말을 바르게 고쳐 쓰세요.

10 대화 **dialogoe**

→ _____

11 시나리오, 각본 **ssenario**

→ _____

12 레크리에이션, 오락 **recreition**

→ _____

1 낱말을 듣고 따라 말하세요.

campus
캠퍼스, 교정

course
과정, 코스

test
시험, 실험

vacation
휴가, 방학

race
경주

league
연맹, 리그

champion
우승자, 챔피언

sponsor
스폰서, 후원자

TIP

방송 프로그램 또는 스포츠 행사 등을 후원하는 광고주를
스폰서(sponsor)라고 해요. 스폰서는 후원을 통해 회사를 홍보하는
효과를 가질 수 있어요.

2 낱말에 알맞은 뜻을 연결한 후, 따라 써 보세요.

test   race   vacation   champion

•   •   •   •

| 경주 | 시험, 실험 | 우승자, 챔피언 | 휴가, 방학 |

| 연맹, 리그 | 스폰서, 후원자 | 캠퍼스, 교정 | 과정, 코스 |

•   •   •   •

campus   league   course   sponsor

1 낱말을 듣고 따라 말하세요.

player
참가자, 선수

driver
운전자, 기사

coach
코치

director
감독, 책임자

above the clouds
구름 위에

any question
어떤 질문

next to the box
상자 옆에

below the bridge
다리 아래에

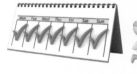

every day
매일

among the people
사람들 사이에

the **last** bus
마지막 버스

both hands
양손

TIP

다음의 표현을 활용하여 직업을 묻고 답할 수 있어요.
A: What does he[she] do? 그[그녀]의 직업은 무엇이니?
B: He[She] is a soccer player. 그[그녀]는 축구 선수야.

2 따라 쓴 다음, 알맞은 뜻과 연결해 보세요.

(1) every day • • 양손

(2) both hands • • 사람들 사이에

(3) the last bus • • 매일

(4) any question • • 마지막 버스

(5) among the people • • 구름 위에

(6) next to the box • • 어떤 질문

(7) below the bridge • • 상자 옆에

(8) above the clouds • • 다리 아래에

Unit 14

121

1 그림에 알맞은 낱말에 동그라미한 후, 빈칸에 써 보세요.

(1)

above

next to

_____ the box

상자 옆에

(2)

among

below

_____ the boxes

상자 사이에

(3)

above

below

_____ the box

상자 위에

(4)

below

next to

_____ the box

상자 아래에

2 우리말과 같은 뜻이 되도록 보기 에서 알맞은 낱말을 찾아 써 보세요.

(1) She missed the _____ train.

그녀는 마지막 기차를 놓쳤다.

(2) We study English _____ day.

우리는 매일 영어를 공부한다.

(3) I don't want _____ food now.

저는 지금 어떤 음식도 먹고 싶지 않아요.

(4) There are trees on _____ sides of the street.

길 양쪽에 나무들이 있다.

보기

any

both

every

last

3 틀린 알파벳을 한 개 찾아 그림에 알맞은 낱말로 고쳐 써 보세요.

(1)

r a s e

(2)

t a s t

(3)

s p o n s e r

(4)

c o m p u s

(5)

r e a g u e

(6)

c a u r s e

(7)

v e c a t i o n

(8)

c h a n p i o n

4 그림에 알맞은 문장 번호를 빈칸에 써 보세요.

What does he[she] do? 그[그녀]의 직업은 무엇입니까?

① She is a coach.

② She is a taxi driver.

③ He is a tennis player.

④ He is a movie director.

낱말을 잘 듣고, 그림과 일치하지 <u>않는</u> 것을 고르세요.

① ②

③ ④

 낱말을 잘 듣고, 그림의 낱말과 첫소리가 같은 것을 고르세요.

campus

① ② ③ ④

 낱말을 잘 듣고, 해당하는 낱말을 찾아 동그라미하세요.

(1) everyaboveany

(2) lastnextboth

낱말을 잘 듣고, 그림과 일치하는 것을 고르세요.

낱말을 잘 듣고, 나머지 셋과 성격이 <u>다른</u> 것을 고르세요.

① ② ③ ④

① ② ③ ④

6 다음 배의 위치에 알맞은 낱말을 주어진 알파벳으로 시작하여 쓰세요.

→ b_____ the bridge

7 다음 중 표현과 우리말 뜻이 일치하지 <u>않는</u> 것을 고르세요.

① both hands — 양손

② next to the box — 상자 옆에

③ among the people — 사람들 앞에

④ above the clouds — 구름 위에

8 알파벳을 바르게 배열하여 그림에 알맞은 낱말을 쓰세요.

c a
v a t
o
n i

→ _____

9 퍼즐판의 빈칸에 알맞은 알파벳을 써넣은 후, 나타나는 낱말을 쓰세요.

c	o	u		s	e
		c	o		c	h
d	i	r	e		t	o	r
		l		a	g	u	e

→ _____

10~12 우리말 뜻에 맞도록 낱말을 바르게 고쳐 쓰세요.

10 시험, 실험 tast

→ _____

11 스폰서, 후원자 sponcer

→ _____

12 우승자, 챔피언 chempion

→ _____

1 낱말을 듣고 따라 말하세요.

a week ago
1주일 전에

love her forever
그녀를 영원히 사랑하다

already late
이미 늦은

look ahead
앞을 내다보다

almost ready
거의 준비가 된

too big
너무 큰

read aloud
큰 소리로 읽다

rich enough
충분히 부자인

Tip late는 형용사 '늦은'으로도 쓰이고, 부사 '늦게'로도 쓰여요.
lately는 부사로 '최근에'라는 뜻이에요.

2 따라 쓴 다음, 알맞은 뜻과 연결해 보세요.

(1) too small • • 이미 유명한

(2) already famous • • 너무 작은

(3) speak aloud • • 한 달 전에

(4) go ahead • • 거의 확실한

(5) a month ago • • 큰 소리로 말하다

(6) warm enough • • 앞서 가다

(7) almost certain • • 충분히 따뜻한

(8) remember forever • • 영원히 기억하다

1 낱말을 듣고 따라 말하세요.

away from the dog
개에게서 떨어져서

once a week
일주일에 한 번

Not yet.
아직은 아니야.

then은 '그때' 라는 뜻도 있어요.

Then she ate breakfast.
그다음에 그녀는 아침밥을 먹었다.

during the weekend
주말 동안, 주말에

against the plan
그 계획에 반대하는

See you again.
See you later.
See you soon.
또 보자.

 <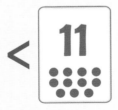

less than eleven
11보다 적은

through the window
창문을 통하여

I'm deeply sorry.
정말 미안해.

TIP I'm **deeply** sorry.에서 deeply는 very와 같은 뜻이에요.

2 우리말과 같은 뜻이 되도록 보기 에서 알맞은 낱말을 찾아 써 보세요.

보기 against away during once than then through yet

(1) 
Don't go _____.
아직은 가지 마.

(2) 
_____ a month
한 달에 한 번

(3) 
_____ the idea
그 생각에 반대하는

(4) 
_____ the meal
식사 동안에

(5) 
_____ the door
문을 통하여

(6) 
_____ from my family
가족과 떨어져서

(7) 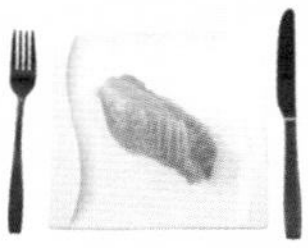
less _____ 200 calories
200칼로리보다 적은

(8) 
Wash the tomatoes, _____ cut them.
토마토를 씻고, 그다음에 그것들을 잘라라.

1 그림에 알맞은 낱말을 찾아 동그라미하세요.

(1)
read quietly
read aloud

(2)
too big
big enough

(3)
almost ready
ready forever

(4)
already late
never late

2 우리말과 같은 뜻이 되도록 보기 에서 알맞은 낱말을 찾아 써 보세요.

보기

later   again   then   soon

(1) **Could you say it _____, please?**
한 번 더 말씀해 주시겠어요?

(2) **I met her again three years _____.**
나는 3년 후에 그녀를 다시 만났다.

(3) **We'll be home _____.**
우리는 곧 집에 도착할 거야.

(4) **First cook the onions, _____ add the mushrooms.**
먼저 양파를 조리하고 그다음에 버섯을 넣어라.

3 빈칸에 알맞은 낱말을 보기 에서 찾아 퍼즐을 완성해 보세요.

보기

ahead   against   ago   during   forever   once

가로

2. I'll run _____.
   내가 앞으로 달려갈게.
4. Humans can't live _____.
   사람은 영원히 살 수 없다.
5. I met her two months _____.
   나는 그녀를 두 달 전에 만났어.

세로

1. I play soccer _____ a week.
   나는 일주일에 한 번 축구를 한다.
2. Are you _____ the plan?
   그 계획에 반대하니?
3. What did you do _____ the weekend?
   주말 동안 무엇을 했니?

1 다음을 잘 듣고, 그림과 일치하지 <u>않는</u> 것을 고르세요.

①

②

③

④

4 다음을 잘 듣고, 그림에 알맞은 것을 고르세요.

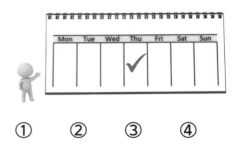

①　　②　　③　　④

2 낱말을 잘 듣고, 해당하는 낱말을 찾아 동그라미하세요.

(1) duringdeeplythen

(2) aloudalmostagain

5 문장을 잘 듣고, 그림의 소녀가 할 말로 알맞은 것을 고르세요.

①　　②　　③　　④

3 문장을 잘 듣고, 나머지 셋과 우리말 뜻이 <u>다른</u> 것을 고르세요.

①　　②　　③　　④

6 그림에 알맞은 낱말을 주어진 알파벳으로 시작하여 쓰세요.

→ Keep a_____
from the dog.

7 다음 대화의 빈칸에 알맞은 말을 고르세요.

A: Are you ready?
B: _____

① Sorry.   ② Thank you.
③ Not yet.   ④ Excuse me.

8 우리말 뜻에 맞도록 빈칸에 알맞은 낱말을 고르세요.

나는 창문을 통해 그것을 보았어.
⇾ I saw it _____
the window.

① during   ② through
③ against   ④ next to

9 다음 중 표현과 우리말 뜻이 일치하지 <u>않는</u> 것을 고르세요.

① less than 8 — 8보다 적은
② already full — 이미 배부른
③ during the vacation
   — 휴가 중에
④ against the war
   — 전쟁에 찬성하는

10~12 우리말 뜻에 맞도록 낱말을 바르게 고쳐 쓰세요.

10 다시, 또 agein
→ _____

11 나중에 latar
→ _____

12 곧 soun
→ _____

주어진 문장을 따라 쓰고, 배운 낱말을 활용하여 문장을 완성해 보세요.

● 생일 묻고 답하기

• 「My birthday +
월 이름 + 일.」 대신
「It's + 월 이름 + 일.」
로도 대답할 수 있어요.

When is your birthday?

네 생일이 언제니?

My birthday is May 7.

내 생일은 5월 7일이야.

_____

네 생일이 언제니?

_____

내 생일은 (자신의 생일)이야.

● 동의 여부 묻기

This cap is good. What do you think?

이 모자는 좋다. 네 생각은 어때?

I think so.

나도 그렇게 생각해.

This phone is good.   ?

이 전화기는 좋다. 네 생각은 어때?

I don't think so.

나는 그렇게 생각하지 않아.

• be going to + 동사원형
: ~할 거야.(가까운 미래의 계획)

• 계획 묻고 답하기

What are you going to do tonight?

오늘 밤에 무엇을 할 거니?

I'm going to watch a film.

나는 영화를 볼 거야.

오늘 밤에 무엇을 할 거니?

I'm going to watch a   .

나는 뮤지컬을 볼 거야.

• 통화하기

• Hello.: 여보세요.
• Speaking.: 나야.
• This is + 자신의 이름.
: (전화상에) 나는 ~야.

Hello. Is Jiho there?

여보세요. 거기 지호 있나요?

Speaking.

전데요.

Hi, Jiho. This is Suji.

안녕, 지호야. 나 수지야.

• 비교하기

I'm faster than you.

나는 너보다 더 빨라.

• 형용사 + er
: 형용사의 비교급
**• 형용사의 비교급 +
than + 비교 대상**
: ~보다 …하다

나는 너보다 키가 크다. (taller)

나는 너보다 강하다. (stronger)

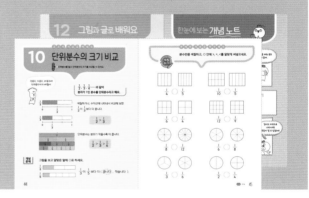

이젠교육 학습자료실

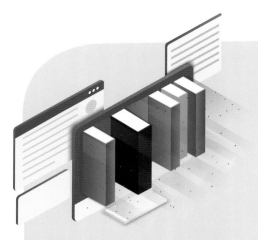

공식 홈페이지에서는 **<초잉 필수 영단어>**를 비롯한 **이젠교육 교재별 부가 자료**를 **무료**로 이용하실 수 있습니다.

모바일 티칭자료

1 **2**
3 **4**

따라쓰기 연습장

Unit별 단어 테스트지

영단어 퍼즐 활동지

https://ezenedu.kr/

공식 카페

☑ **꾸준한 학습**

<또공> 활동에 참여하세요!
매주 학습 관리를 통해
도서 한 권을 끝낼 수 있어요.

☑ **엄마표 정보 공유**

서평단, 학습단, 서포터즈 등
또래 맘들과 경험을 공유해요.

5종의 영어 교과서 단어를 1권으로 뚝딱!

초등 잉글리쉬

초잉

6학년 과정

필수 영단어

WORKBOOK

A 그림에 알맞은 낱말을 완성한 후, 완성된 낱말을 알맞은 상자에 써 보세요.

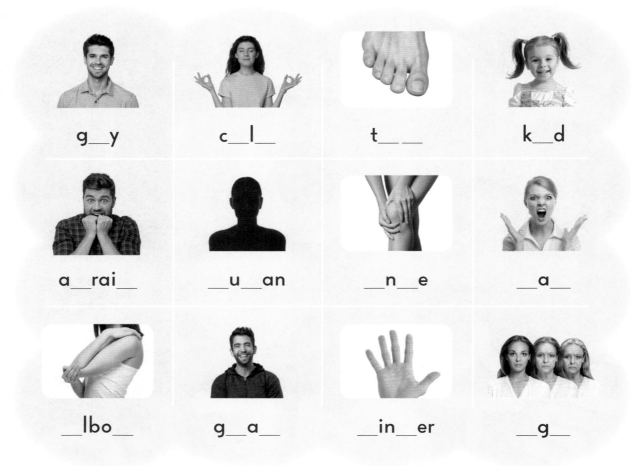

g__y

c__l__

t___

k_d

a__rai__

__u__an

__n_e

__a__

__lbo__

g__a__

__in__er

__g__

신체	심리 상태	사람과 나이

B 알파벳을 바르게 배열하여, 그림에 알맞은 단어를 써 보세요.

(1)  c n h i ▶ _____

(2)  c u l k y ▶ _____

(3)  c e o i v ▶ _____

(4)  o e l v l y ▶ _____

(5)  c e k h e ▶ _____

(6)  a e t c i v ▶ _____

(7)  t e n g u o ▶ _____

(8)  a c e f u r l ▶ _____

A 그림에 알맞은 낱말을 완성한 후, 완성된 낱말을 알맞은 상자에 써 보세요.

j___

__y__

__it__

__a__ery

o__ea__

__a__ht

__all__ry

l__n__

__able __ar

__ook__tore

c__untry__ide

h__li__opter

동네 시설	이동 수단	자연과 도시

B 그림에 알맞은 낱말을 써 보세요.

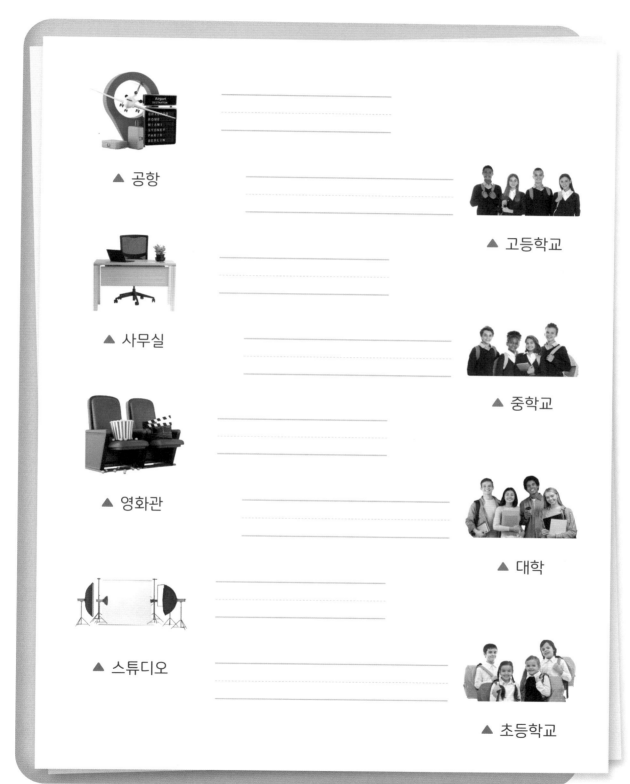

▲ 공항

▲ 고등학교

▲ 사무실

▲ 중학교

▲ 영화관

▲ 대학

▲ 스튜디오

▲ 초등학교

A 그림에 알맞은 낱말을 찾아 번호를 써넣으세요.

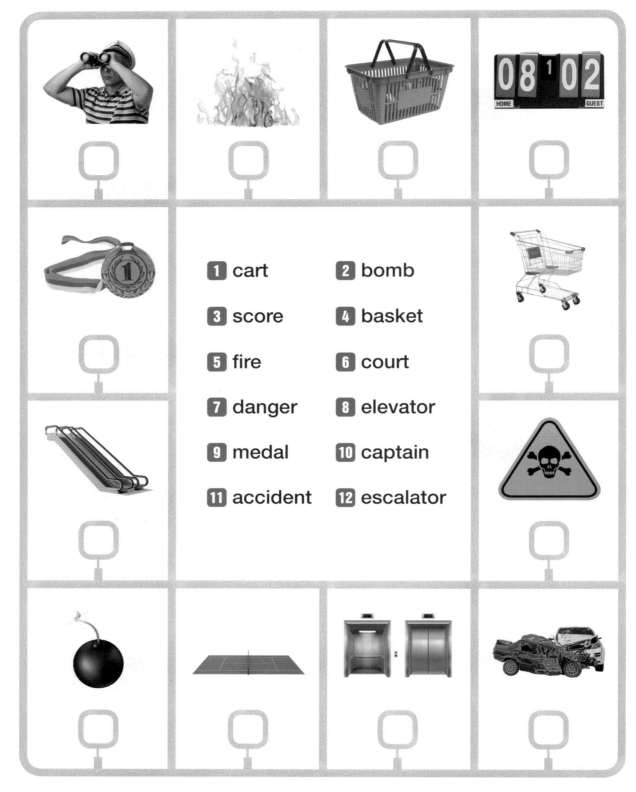

1 cart   2 bomb

3 score   4 basket

5 fire   6 court

7 danger   8 elevator

9 medal   10 captain

11 accident   12 escalator

B 알맞은 낱말을 넣어 문장을 완성해 보세요.

(1)
I have bad _____ for you.
네게 안 좋은 소식이 있다.

(2)
He won the first _____.
그가 1등 상을 받았다.

(3)
We don't know the _____.
우리는 그 사실을 모른다.

mean
: 의미하다

(4)
What does the _____ mean?
그 제스처는 무슨 의미이니?

(5)
Can I read your _____?
당신의 신문을 좀 봐도 될까요?

(6)
The story is full of _____.
그 이야기는 유머로 가득하다.

(7)
I want to buy a movie _____.
나는 영화 잡지를 하나 사고 싶다.

(8)
She won the swimming _____.
그녀는 수영 대회에서 우승했다.

A

그림에 알맞은 낱말을 찾아 번호를 써넣으세요.

1 fail   2 lie

3 talk   4 agree

5 enter   6 guess

7 guard   8 exit

9 decide   10 control

11 succeed   12 discuss

B 그림에 알맞은 낱말을 써 보세요.

▲ 믿다

▲ 일기

▲ 이해하다

▲ 시작하다

▲ 바라다, 희망하다

▲ 일정, 스케줄

▲ 조언하다, 충고하다

▲ 끝내다, 마치다

A 그림에 알맞은 낱말을 완성한 후, 완성된 낱말을 알맞은 상자에 써 보세요.

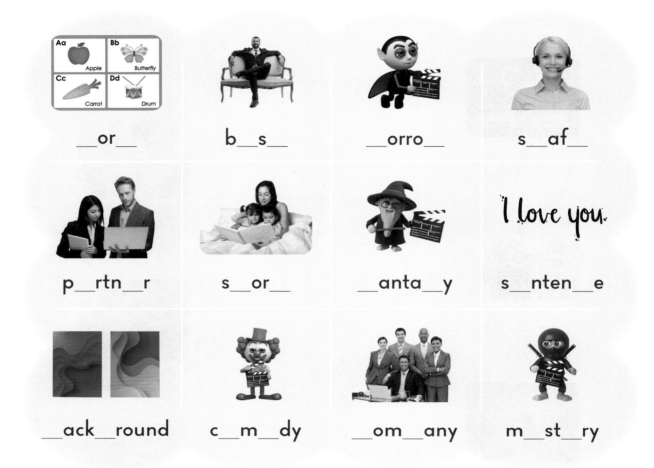

__or__

b__s__

__orro__

s__af__

p__rtn__r

s__or__

__anta__y

s__nten__e

__ack__round

c__m__dy

__om__any

m__st__ry

회사	글과 이야기	영화 장르

B 알파벳을 바르게 배열하여, 그림에 알맞은 단어를 써 보세요.

(1)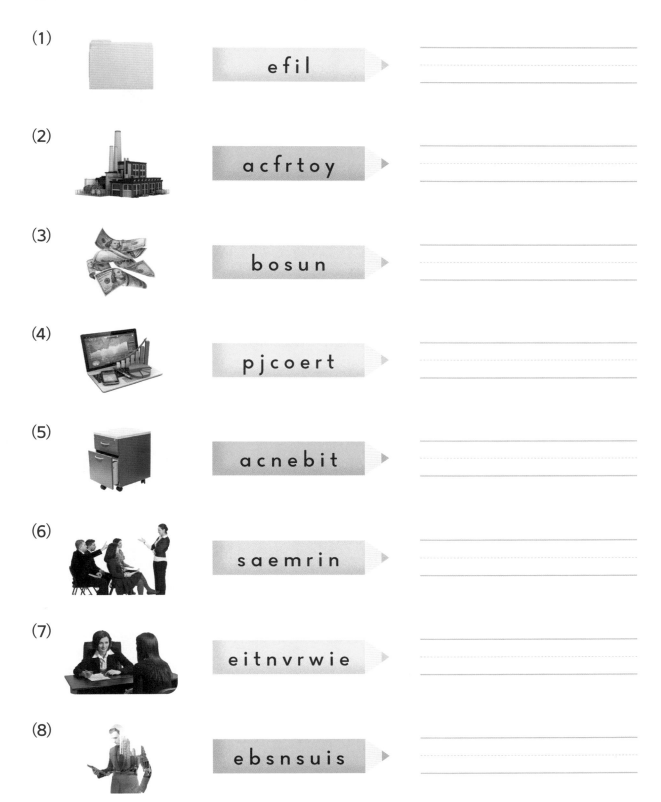
efil ▶ _____

(2)
acfrtoy ▶ _____

(3)
bosun ▶ _____

(4)
pjcoert ▶ _____

(5)
acnebit ▶ _____

(6)
saemrin ▶ _____

(7)
eitnvrwie ▶ _____

(8)
ebsnsuis ▶ _____

A 그림에 알맞은 낱말을 찾아 번호를 써넣으세요.

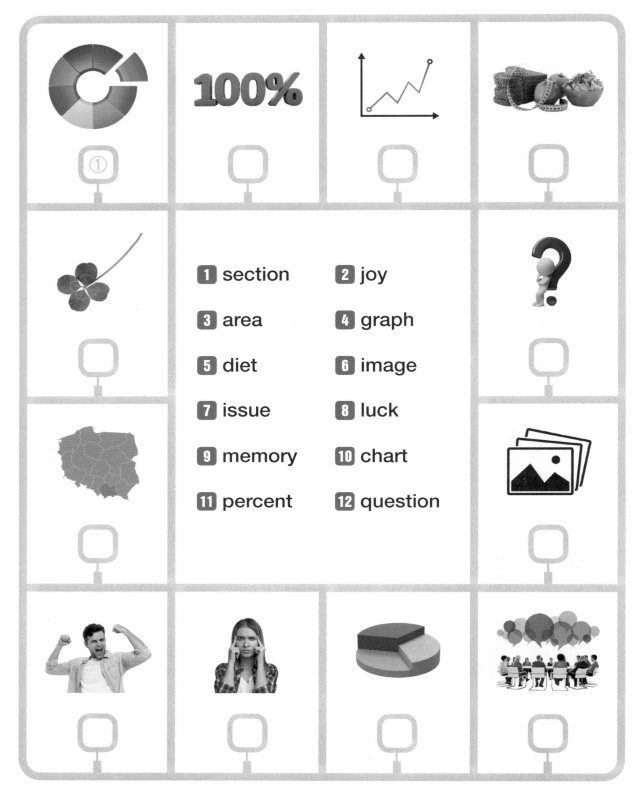

①

1 section   **2** joy

3 area   **4** graph

5 diet   **6** image

7 issue   **8** luck

9 memory   **10** chart

11 percent   **12** question

B 그림에 알맞은 낱말을 써 보세요.

▲ 지방

▲ 일부

▲ 유형, 종류

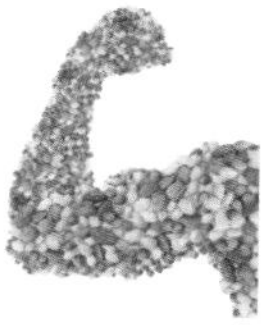

▲ 에너지

▲ 장소

▲ 기초, 토대

▲ 열량, 칼로리

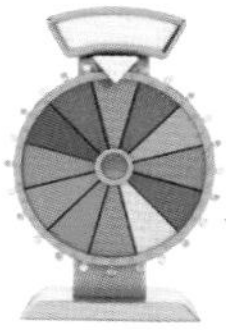

▲ 가능성, 기회

A 그림에 알맞은 낱말을 찾아 번호를 써넣으세요.

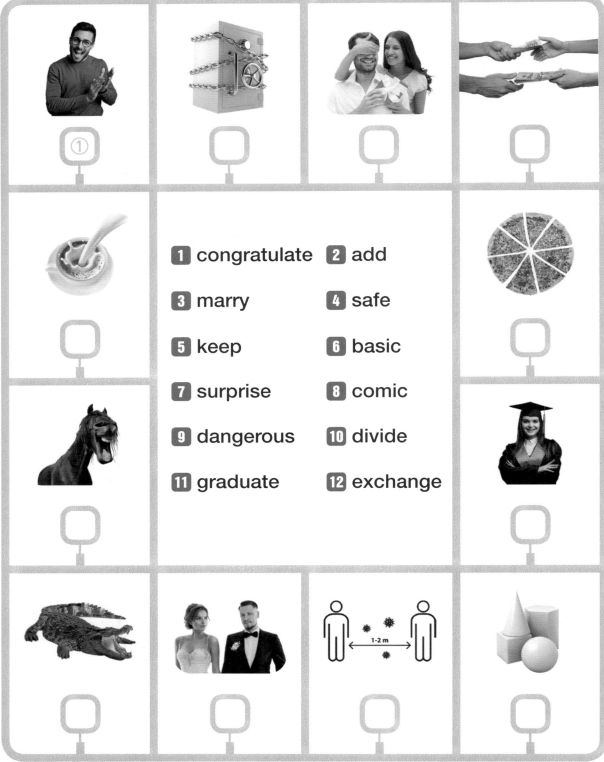

①

1 congratulate 2 add

3 marry 4 safe

5 keep 6 basic

7 surprise 8 comic

9 dangerous 10 divide

11 graduate 12 exchange

B

알파벳을 바르게 배열하여, 그림에 알맞은 단어를 써 보세요.

(1)
a e d r y ▶ _____

(2)
e d e p ▶ _____

(3)
c e a n r t i ▶ _____

(4)
e s p l e y ▶ _____

(5)
f n a t a t s i c ▶ _____

(6)
e p h l f l u ▶ _____

(7)
i p t a o r m n t ▶ _____

(8)
u q u n i e ▶ _____

A 그림에 알맞은 낱말을 완성한 후, 완성된 낱말을 알맞은 상자에 써 보세요.

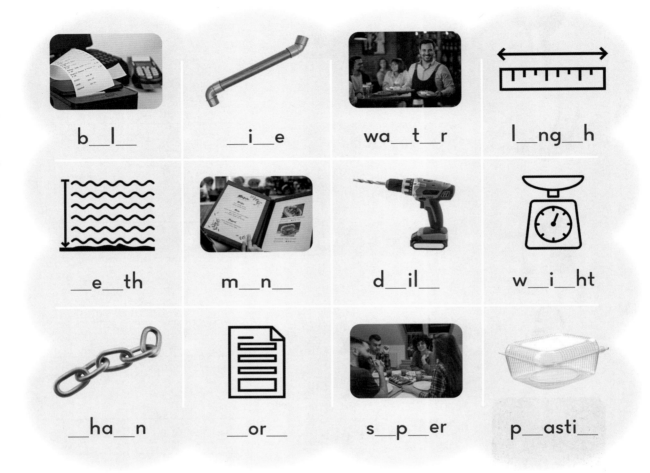

b_l_   __i_e   wa_t_r   l_ng_h

__e__th   m_n_   d__il_   w_i_ht

__ha__n   __or__   s__p__er   p__asti__

측정과 형태	식당	공구와 재료

B 그림에 알맞은 낱말을 써 보세요.

▲ 판자

▲ 엔진

▲ 열, 열기

▲ 속도

▲ 기체, 가스

▲ 길, 발자국

▲ 건전지, 배터리

▲ 브레이크, 제동 장치

A 그림에 알맞은 낱말을 찾아 번호를 써넣으세요.

1	leaf	2	crown
3	ticket	4	seed
5	castle	6	passport
7	root	8	heaven
9	luggage	10	branch
11	palace	12	airline

B 알파벳을 바르게 배열하여, 그림에 알맞은 단어를 써 보세요.

(1)

s y p ▶ _____

(2)

a g s r s ▶ _____

(3)

p e o w r ▶ _____

(4)

r c o k ▶ _____

(5)

a t b t e l ▶ _____

(6)

e o h c ▶ _____

(7)

a c p g a m i n ▶ _____

(8)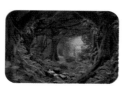

f e o r s t ▶ _____

A 그림에 알맞은 낱말을 찾아 번호를 써넣으세요.

①

1	excellent	2	clever
3	dentist	4	foolish
5	absent	6	polite
7	musician	8	ill
9	designer	10	nervous
11	curious	12	engineer

B 그림에 알맞은 낱말을 써 보세요.

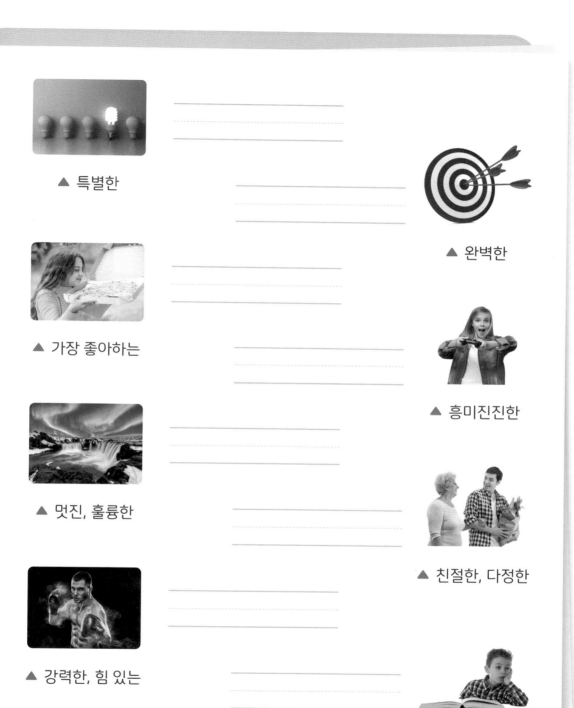

▲ 특별한

▲ 완벽한

▲ 가장 좋아하는

▲ 흥미진진한

▲ 멋진, 훌륭한

▲ 친절한, 다정한

▲ 강력한, 힘 있는

▲ 재미없는, 지루한

A 그림에 알맞은 낱말을 완성한 후, 완성된 낱말을 알맞은 상자에 써 보세요.

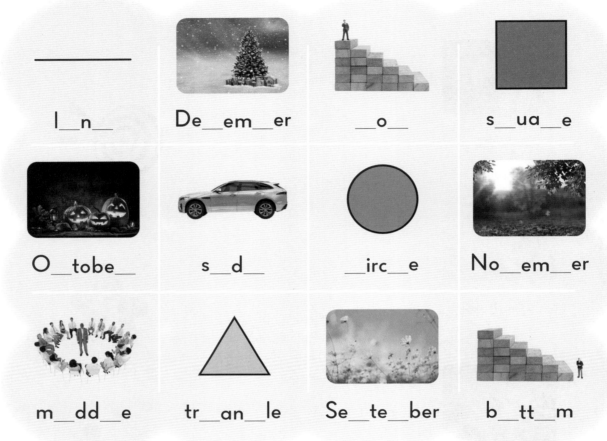

l__n__   De__em__er   __o__   s__ua__e

O__tobe__   s__d__   __irc__e   No__em__er

m__dd__e   tr__an__le   Se__te__ber   b__tt__m

위치	달, 월	선과 도형

B 우리말과 같은 뜻이 되도록 문장을 완성해 보세요.

What month is it now? 지금 몇 월이니?

(1)
It's a(n) _____.
6월이야.

(2)
It's a(n) _____.
4월이야.

(3)
It's a(n) _____.
2월이야.

(4)
It's a(n) _____.
8월이야.

(5)
It's a(n) _____.
3월이야.

(6)
It's a(n) _____.
7월이야.

(7)
It's a(n) _____.
5월이야.

(8)
It's a(n) _____.
1월이야.

A 그림에 알맞은 낱말을 찾아 번호를 써넣으세요.

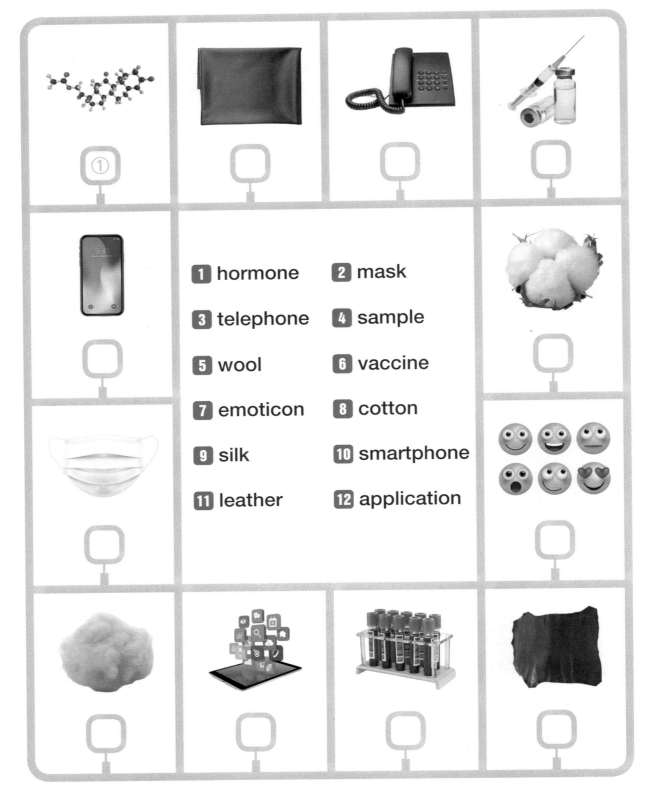

1 hormone   2 mask

3 telephone   4 sample

5 wool   6 vaccine

7 emoticon   8 cotton

9 silk   10 smartphone

11 leather   12 application

B 그림에 알맞은 낱말을 써 보세요.

▲ 현금

▲ 인터넷

▲ 서비스

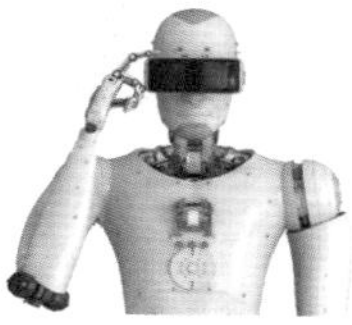

▲ 기술

▲ 옷, 의복

▲ 바이러스

▲ 상표, 브랜드

▲ 웹사이트

A 그림에 알맞은 낱말을 찾아 번호를 써넣으세요.

①	( )	( )	( )

	1 couple	2 drama	
( )	3 art	4 band	( )
	5 fiction	6 film	
	7 scenario	8 parade	
( )	9 concert	10 wedding	( )
	11 guest	12 musical	

( )	( )	( )	( )

B 알맞은 낱말을 넣어 문장을 완성해 보세요.

(1) Please _____ slowly.
천천히 말씀해 주세요.

(2) It is my favorite _____.
그것은 내가 가장 좋아하는 캐럴이다.

(3) May I _____ my friend?
제 친구를 소개해도 될까요?

(4) The violin is in good _____.
그 바이올린은 상태가 좋다.

(5) I had a short _____ with him.
나는 그와 짧은 대화를 나누었다.

(6) I didn't hear my _____ this morning.
오늘 아침에 알람 소리를 못 들었다.

(7) He has a strong French _____.
그는 강한 프랑스 억양을 가지고 있다.

(8) What do you do for _____?
오락으로 무엇을 하니?

A 그림에 알맞은 낱말을 찾아 번호를 써넣으세요.

①

1	course	2	driver
3	test	4	race
5	player	6	league
7	campus	8	director
9	vacation	10	champion
11	sponsor	12	coach

초일필수 영단어 4

B 알맞은 낱말을 넣어 문장을 완성해 보세요.

(1) Hold it in _____ hands.
그것을 양손으로 잡으세요.

(2) The cafe is _____ to the gym.
그 카페는 체육관 옆에 있다.

(3) What is the _____ question?
마지막 질문은 무엇이니?

(4) The root is _____ the ground.
뿌리는 땅 아래에 있다.

(5) I visit my parents _____ week.
나는 매주 부모님을 뵈러 간다.

(6) The bird is flying _____ the tree.
새가 나무 위를 날고 있다.

(7) She can eat _____ kind of food.
그녀는 어떤 종류의 음식이든 먹을 수 있다.

> kind
> : 종류

(8) He is popular _____ his friends.
그는 친구들 사이에서 인기가 있다.

> popular
> : 인기 있는

A 알파벳을 바르게 배열하여, 그림에 알맞은 표현을 완성해 보세요.

(1) 　d r n i u g ▶ ＿＿＿＿＿ the exam

(2) 　a s o m l t ▶ ＿＿＿＿＿ double

(3) 　o t o ▶ ＿＿＿＿＿ far

(4) 　a a h e d ▶ run ＿＿＿＿＿

(5) 　e u o n h g ▶ strong ＿＿＿＿＿

(6) 　a u o d l ▶ speak ＿＿＿＿＿

(7) 　o a g ▶ ten years ＿＿＿＿＿

(8) 　n a t h ▶ more ＿＿＿＿＿ 80%

B 우리말과 같은 뜻이 되도록 보기 에서 알맞은 낱말을 찾아 써 보세요.

보기   again   against   deeply   forever   later   once   soon   yet

(1)
I'll call you _____.
나중에 전화할게요.

(2)
She isn't back _____.
그녀는 아직 돌아오지 않았다.

(3)
Why are you _____ the idea?
너는 왜 그 생각에 반대하니?

(4)
He is in my heart _____.
그는 내 마음속에 영원히 있다.

(5)
I was _____ shocked by the news.
나는 그 소식에 매우 충격을 받았다.

(6)
My birthday is coming up _____.
나의 생일이 곧 다가온다.

(7)
Could you say it _____, please?
한 번 더 말씀해 주시겠어요?

(8)
We climb a mountain _____ a week.
우리는 일주일에 한 번 등산을 한다.

5종의 영어 교과서 단어를 1권으로 뚝딱!

초등잉글리쉬

초잉

6학년
과정

필수 영단어

STUDENT BOOK

정답 및 대본

2 낱말에 알맞은 그림을 연결한 후, 따라 써 보세요.

human   guy   age   kid

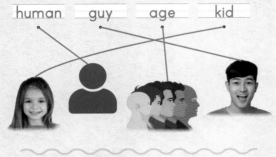

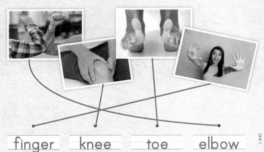

finger   knee   toe   elbow

2 고양이 상태에 알맞은 낱말을 보기 에서 찾아 써 보세요.

보기   glad calm afraid mad

calm   mad   glad   afraid

3 낱말에 알맞은 그림을 연결한 후, 따라 써 보세요.

active   lucky   voice   tongue

chin   lovely   careful   cheek

1 수수께끼의 답을 보기 에서 찾아 써 보세요.

보기   chin   cheek   voice   tongue

(1) 성우는 이것으로 연기하는 배우를 말해요. 이것은 무엇일까요?   voice
(2) 부끄럽거나 추우면 이곳이 빨갛게 변해요. 이곳은 어디일까요?   cheek
(3) 음식을 씹을 때 이곳의 관절이 위아래로 움직여요. 이곳은 어디일까요?   chin
(4) 아이스크림을 핥아먹기 위해서는 이것이 필요해요. 이것은 무엇일까요?   tongue

2 빈칸에 알맞은 알파벳을 써넣어 그림에 알맞은 낱말을 완성해 보세요.

(1)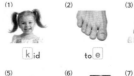
k i d

(2)
to e

(3)
a g e

(4)
kn e e

(5)
g u y

(6)
e lbo w

(7)
h u m a n

(8)
f i n g er

3 그림에 알맞은 낱말에 동그라미한 후, 빈칸에 써 보세요.

(1)
lucky
(lovely)

a __lovely__ dog
사랑스러운 개

(2)
useful
(careful)

a __careful__ boy
신중한 소년

(3)
(active)
honest

an __active__ guy
활동적인 남자

(4)
fresh
(lucky)

a __lucky__ winner
행운의 우승자
winner: 우승자

4 우리말과 같은 뜻이 되도록 보기 에서 알맞은 낱말을 찾아 써 보세요.

(1) She is __mad__ at you.
그녀는 너에게 몹시 화가 나 있다.

(2) She is __afraid__ of spiders.
그녀는 거미를 무서워한다.

(3) I'm __glad__ to see you again.
너를 다시 만나서 기쁘다.

(4) He speaks in a __calm__ voice.
그는 차분한 목소리로 말한다.

보기
glad
calm
afraid
mad

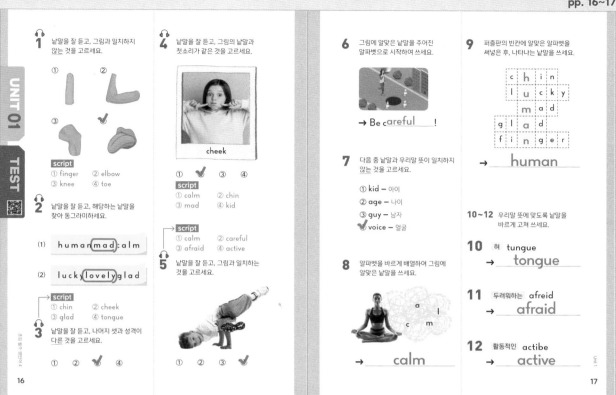

1 낱말을 잘 듣고, 그림과 일치하지 않는 것을 고르세요.

① ② ③✓ ④

script
① finger ② elbow
③ knee ④ toe

2 낱말을 잘 듣고, 해당하는 낱말을 찾아 동그라미하세요.

(1) human mad calm

(2) lucky lovely glad

script
① chin ② cheek
③ glad ④ tongue

3 낱말을 잘 듣고, 나머지 셋과 성격이 다른 것을 고르세요.

① ② ③✓ ④

4 낱말을 잘 듣고, 그림의 낱말과 첫소리가 같은 것을 고르세요.

cheek

① ② ③ ④
  ✓

script
① calm ② chin
③ mad ④ kid

script
① calm ② careful
③ afraid ④ active

5 낱말을 잘 듣고, 그림과 일치하는 것을 고르세요.

① ② ③ ④
      ✓

16

6 그림에 알맞은 낱말을 주어진 알파벳으로 시작하여 쓰세요.

→ Be careful !

7 다음 중 낱말과 우리말 뜻이 일치하지 않는 것을 고르세요.

① kid – 아이
② age – 나이
③ guy – 남자
✓ voice – 얼굴

8 알파벳을 바르게 배열하여 그림에 알맞은 낱말을 쓰세요.

a
c m

→ calm

9 퍼즐판의 빈칸에 알맞은 알파벳을 써넣은 후, 나타나는 낱말을 쓰세요.

c	h	i	n	
l	u	c	k	y
	m	a	d	
g	l	a	d	
f	i	n	g	e	r

→ human

10~12 우리말 뜻에 맞도록 낱말을 바르게 고쳐 쓰세요.

10 혀 tungue
→ tongue

11 두려워하는 afreid
→ afraid

12 활동적인 actibe
→ active

17

---

2 낱말에 알맞은 그림을 연결한 후, 따라 써 보세요.

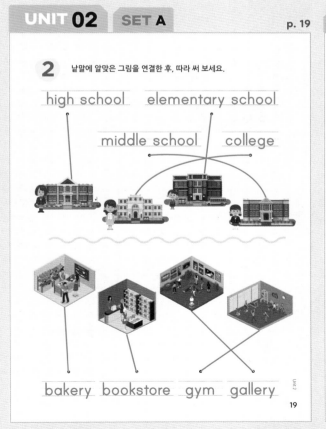

high school   elementary school

middle school   college

bakery bookstore gym gallery

19

2 자신이 가장 타 보고 싶은 것부터 순서대로 써 보세요.

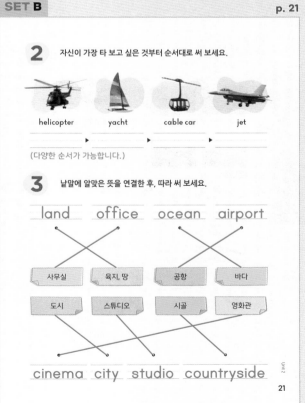

helicopter   yacht   cable car   jet

▶   ▶   ▶

(다양한 순서가 가능합니다.)

3 낱말에 알맞은 뜻을 연결한 후, 따라 써 보세요.

land   office   ocean   airport

| 사무실 | 육지, 땅 | 공항 | 바다 |

| 도시 | 스튜디오 | 시골 | 영화관 |

cinema city studio countryside

21

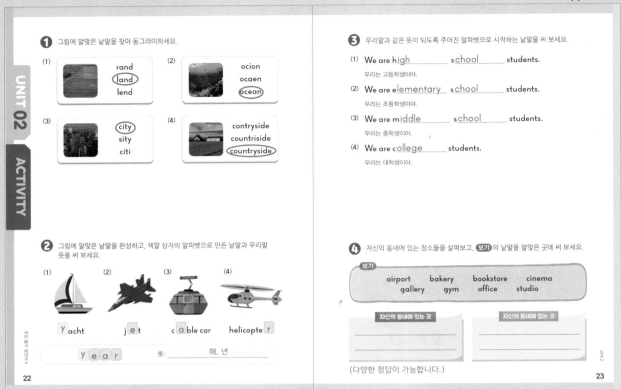

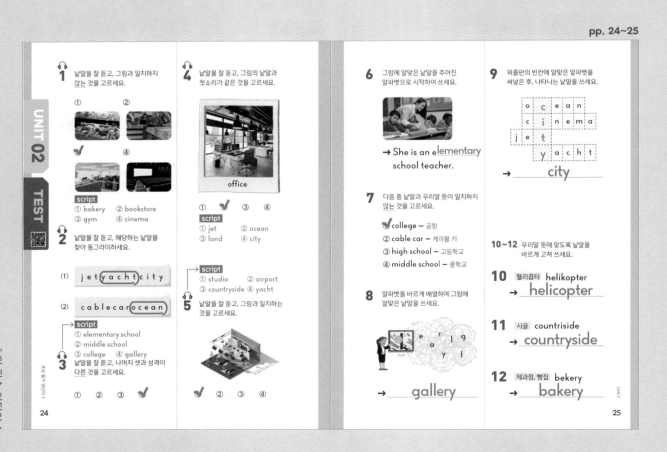

36

UNIT 03 SET A

p. 27

2 낱말에 알맞은 뜻을 연결한 후, 따라 써 보세요.

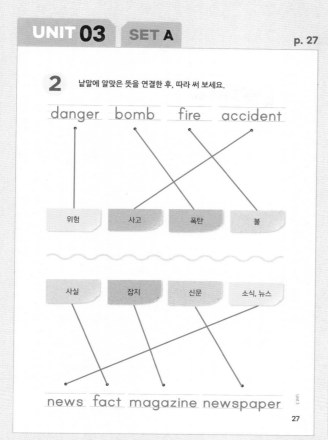

danger   bomb   fire   accident

위험   사고   폭탄   불

사실   잡지   신문   소식, 뉴스

news   fact   magazine   newspaper

27

SET B

p. 29

2 그림에 알맞은 낱말을 보기에서 찾아 써 보세요.

보기   cart   basket   elevator   escalator

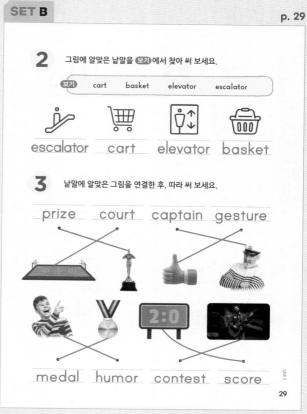

escalator   cart   elevator   basket

3 낱말에 알맞은 그림을 연결한 후, 따라 써 보세요.

prize   court   captain   gesture

medal   humor   contest   score

29

pp. 30~31

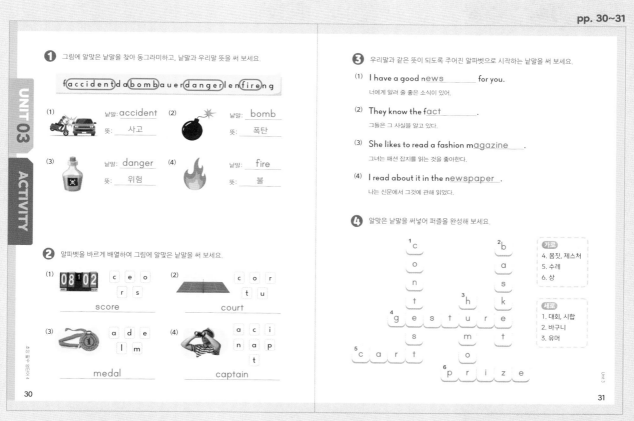

UNIT 03 ACTIVITY

❶ 그림에 알맞은 낱말을 찾아 동그라미하고, 낱말과 우리말 뜻을 써 보세요.

f a c c i d e n t d a b o m b a u e r d a n g e r l e n f i r e n g

(1) 낱말: accident   뜻: 사고
(2) 낱말: bomb   뜻: 폭탄
(3) 낱말: danger   뜻: 위험
(4) 낱말: fire   뜻: 불

❷ 알파벳을 바르게 배열하여 그림에 알맞은 낱말을 써 보세요.

(1) c e o r s   score
(2) c o r t u   court
(3) a d e l m   medal
(4) a c i n a p t   captain

❸ 우리말과 같은 뜻이 되도록 주어진 알파벳으로 시작하는 낱말을 써 보세요.

(1) I have a good n**ews** for you.
너에게 알려 줄 좋은 소식이 있어.

(2) They know the f**act** .
그들은 그 사실을 알고 있다.

(3) She likes to read a fashion m**agazine** .
그녀는 패션 잡지를 읽는 것을 좋아한다.

(4) I read about it in the n**ewspaper** .
나는 신문에서 그것에 관해 읽었다.

❹ 알맞은 낱말을 써넣어 퍼즐을 완성해 보세요.

¹c o n t e s t
²b a s k e t
³h u m o t
⁴g e s t u r e
⁵c a r t
⁶p r i z e

가로
4. 몸짓, 제스처
5. 수레
6. 상

세로
1. 대회, 시합
2. 바구니
3. 유머

30   31

37

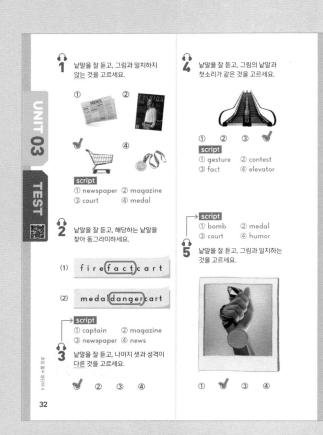

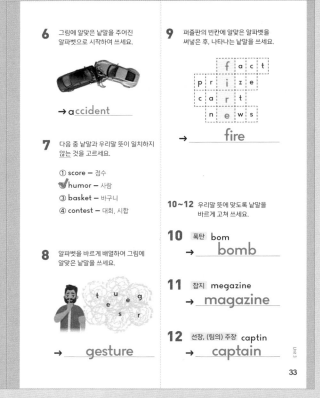

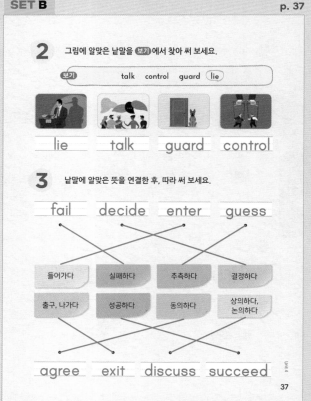

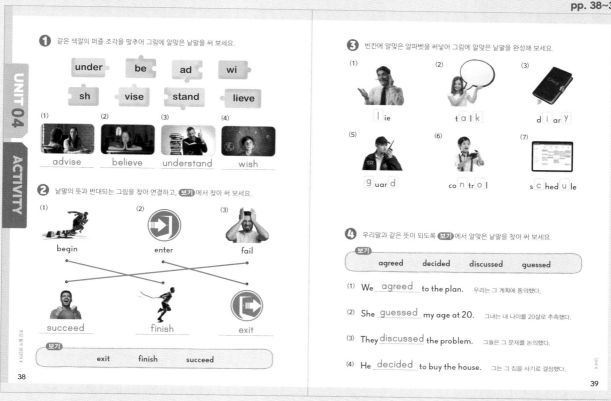

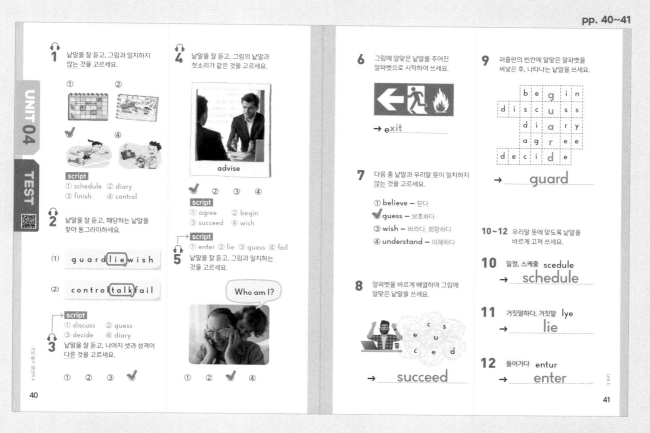

UNIT 05 — SET A   p. 43

2 따라 쓴 다음, 알맞은 뜻과 연결해 보세요.

(1) my **boss** — 나의 상사
(2) a car **factory** — 자동차 공장
(3) the hotel **staff** — 호텔 직원
(4) a sales **seminar** — 영업 세미나
(5) a dance **partner** — 춤 파트너
(6) the music **business** — 음악 사업
(7) a big **company** — 큰 회사
(8) a difficult **project** — 어려운 프로젝트

호텔 직원 / 나의 상사 / 자동차 공장 / 음악 사업 / 어려운 프로젝트 / 영업 세미나 / 춤 파트너 / 큰 회사

Unit 5

43

SET B   p. 45

2 자신이 가장 좋아하는 영화 장르부터 순서대로 써 보세요.

comedy   fantasy   horror   mystery

▶ _____ ▶ _____ ▶ _____

(다양한 순서가 가능합니다.)

3 낱말에 알맞은 뜻을 연결한 후, 따라 써 보세요.

bonus   sentence   interview   word

문장 / 면접, 인터뷰 / 단어, 낱말 / 보너스, 상여금
캐비닛, 보관장 / 파일 / 이야기 / 배경

file   background   cabinet   story

Unit 5

45

pp. 46~47

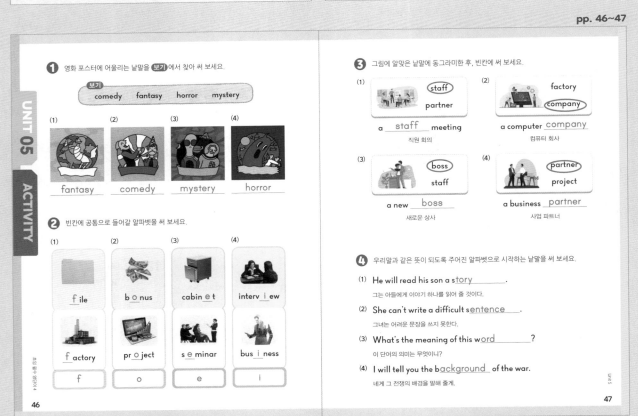

UNIT 05   ACTIVITY

1 영화 포스터에 어울리는 낱말을 보기 에서 찾아 써 보세요.

보기   comedy   fantasy   horror   mystery

(1) fantasy   (2) comedy   (3) mystery   (4) horror

2 빈칸에 공통으로 들어갈 알파벳을 써 보세요.

(1) f ile   f actory — f
(2) b o nus   pr o ject — o
(3) cabin e t   s e minar — e
(4) interv i ew   bus i ness — i

3 그림에 알맞은 낱말에 동그라미한 후, 빈칸에 써 보세요.

(1) (staff) / partner
a **staff** meeting
직원 회의

(2) factory / (company)
a computer **company**
컴퓨터 회사

(3) (boss) / staff
a new **boss**
새로운 상사

(4) (partner) / project
a business **partner**
사업 파트너

4 우리말과 같은 뜻이 되도록 주어진 알파벳으로 시작하는 낱말을 써 보세요.

(1) He will read his son a s**tory** .
그는 아들에게 이야기 하나를 읽어 줄 것이다.

(2) She can't write a difficult s**entence** .
그녀는 어려운 문장을 쓰지 못한다.

(3) What's the meaning of this w**ord** ?
이 단어의 의미는 무엇이니?

(4) I will tell you the b**ackground** of the war.
네게 그 전쟁의 배경을 말해 줄게.

Unit 5

46   47

40

초등 필수 영단어 4

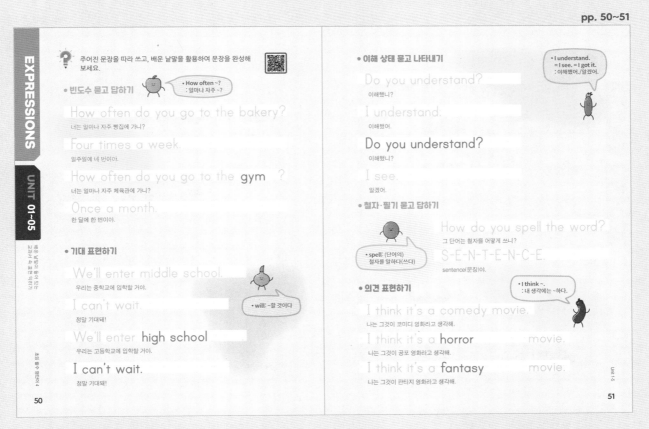

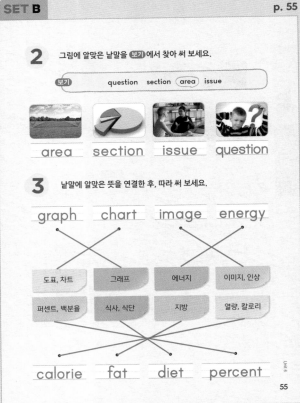

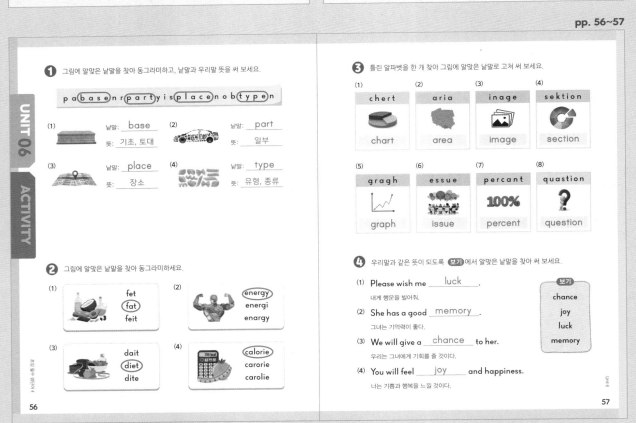

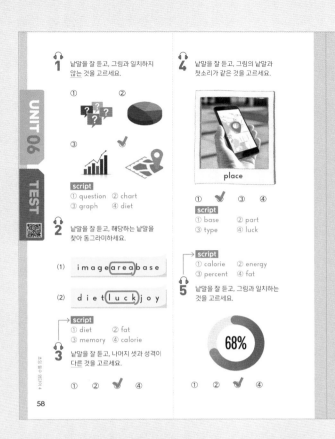

UNIT 06 TEST

1 낱말을 잘 듣고, 그림과 일치하지 않는 것을 고르세요.

① ② ③✓ ④

script
① question ② chart
③ graph ④ diet

2 낱말을 잘 듣고, 해당하는 낱말을 찾아 동그라미하세요.

(1) image (area) base
(2) diet (luck) joy

script
① diet ② fat
③ memory ④ calorie

3 낱말을 잘 듣고, 나머지 셋과 성격이 다른 것을 고르세요.

① ② ③✓ ④

4 낱말을 잘 듣고, 그림의 낱말과 첫소리가 같은 것을 고르세요.

place

①✓ ② ③ ④

script
① base ② part
③ type ④ luck

script
① calorie ② energy
③ percent ④ fat

5 낱말을 잘 듣고, 그림과 일치하는 것을 고르세요.

68%

① ② ③✓ ④

58

6 다음 빈칸에 공통으로 들어갈 낱말을 주어진 알파벳으로 시작하여 쓰세요.

• 몸집이 크고 뚱뚱한 남자
 a big _____ man
• 많은 지방
 a lot of _____

→ f at

7 다음 중 낱말과 우리말 뜻이 일치하지 않는 것을 고르세요.

✓ joy – 운, 행운
② type – 유형, 종류
③ base – 기초, 토대
④ issue – 주제, 쟁점

8 알파벳을 바르게 배열하여 그림에 알맞은 낱말을 쓰세요.

c s o e
t i n

→ section

9 퍼즐판의 빈칸에 알맞은 알파벳을 써넣은 후, 나타나는 낱말을 쓰세요.

d	i	e	t	
m e	m	o	r	y
c h	a	n	c	e
	g	r	a	p h
a r	e	a		

→ image

10~12 우리말 뜻에 맞도록 낱말을 바르게 고쳐 쓰세요.

10 열량, 칼로리 calori
→ calorie

11 일부 fart
→ part

12 도표, 차트 chert
→ chart

59

UNIT 07 **SET A** p. 61

2 낱말에 알맞은 그림을 연결한 후, 따라 써 보세요.

basic   safe   comic   dangerous

deep   sleepy   unique   helpful

61

SET B p. 63

2 그림에 알맞은 낱말을 보기에서 찾아 써 보세요.

보기   add   divide   marry   exchange

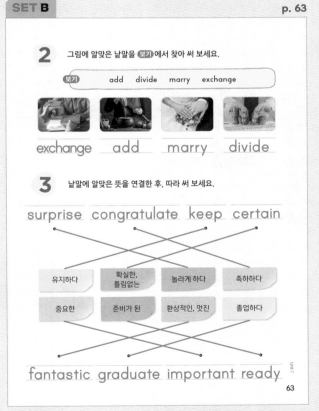

exchange   add   marry   divide

3 낱말에 알맞은 뜻을 연결한 후, 따라 써 보세요.

surprise   congratulate   keep   certain

유지하다 | 확실한, 틀림없는 | 놀라게 하다 | 축하하다

중요한 | 준비가 된 | 환상적인, 멋진 | 졸업하다

fantastic   graduate   important   ready

63

43

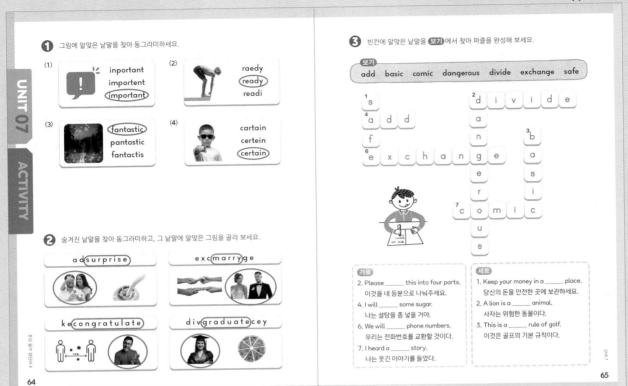

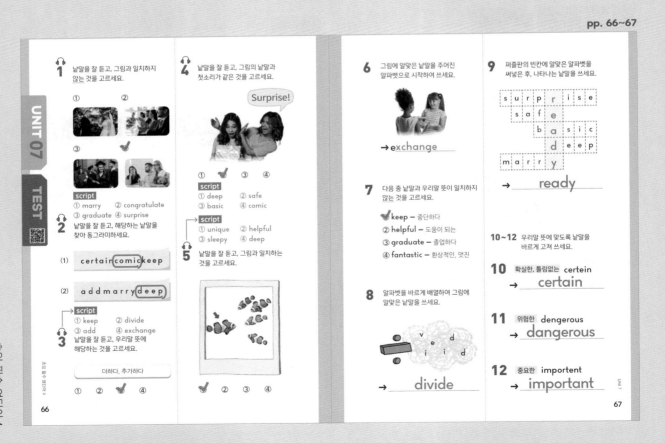

SET A

2 낱말에 알맞은 그림과 뜻을 연결한 후, 따라 써 보세요.

chain   pipe   plastic   drill

속도   브레이크, 제동 장치   엔진   길, 발자국

brake   track   speed   engine

69

SET B

2 그림에 알맞은 낱말을 보기에서 찾아 써 보세요.

보기   battery   heat   board   gas

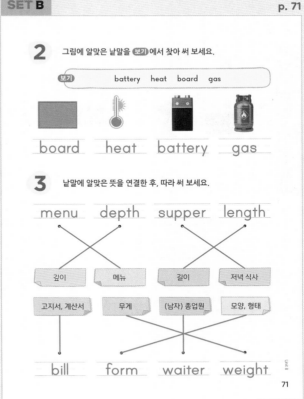

board   heat   battery   gas

3 낱말에 알맞은 뜻을 연결한 후, 따라 써 보세요.

menu   depth   supper   length

깊이   메뉴   길이   저녁 식사

고지서, 계산서   무게   (남자) 종업원   모양, 형태

bill   form   waiter   weight

71

UNIT 08 | ACTIVITY

❶ 수수께끼의 답을 보기에서 찾아 써 보세요.

보기   depth   form   length   weight

(1) 물건의 무거운 정도를 무엇이라고 할까요?   weight

(2) 사물의 생김새나 모습을 무엇이라고 할까요?   form

(3) 위에서 밑바닥까지 거리는 무엇이라고 할까요?   depth

(4) 두 개의 물건이 떨어져 있는 간격을 무엇이라고 할까요?   length

❷ 그림에 알맞은 낱말을 찾아 동그라미한 후, 써 보세요.

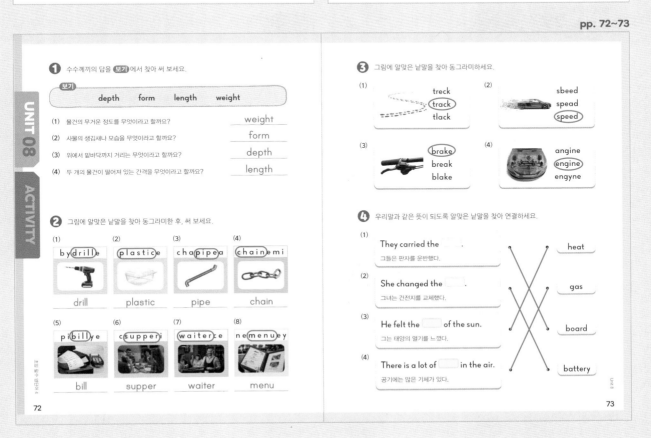

(1) by drille — drill
(2) plastice — plastic
(3) cha pipe a — pipe
(4) chain emi — chain
(5) pi bill ye — bill
(6) c supper i — supper
(7) waiter ce — waiter
(8) ne menu ey — menu

❸ 그림에 알맞은 낱말을 찾아 동그라미하세요.

(1) treck / (track) / tlack
(2) sbeed / spead / (speed)
(3) (brake) / break / blake
(4) angine / (engine) / engyne

❹ 우리말과 같은 뜻이 되도록 알맞은 낱말을 찾아 연결하세요.

(1) They carried the _____.
그들은 판자를 운반했다.

(2) She changed the _____.
그녀는 건전지를 교체했다.

(3) He felt the _____ of the sun.
그는 태양의 열기를 느꼈다.

(4) There is a lot of _____ in the air.
공기에는 많은 기체가 있다.

heat
gas
board
battery

72   73

45

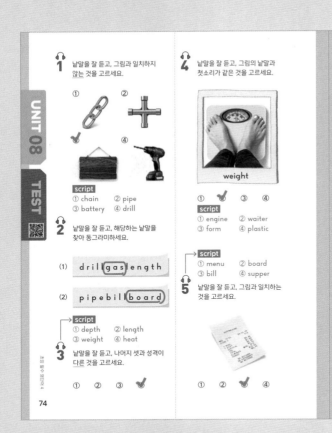

1 낱말을 잘 듣고, 그림과 일치하지 <u>않는</u> 것을 고르세요.

① ② ③ ④

script
① chain   ② pipe
③ battery ④ drill

2 낱말을 잘 듣고, 해당하는 낱말을 찾아 동그라미하세요.

(1) d r i l l g a s l e n g t h

(2) p i p e b i l l b o a r d

script
① depth   ② length
③ weight ④ heat

3 낱말을 잘 듣고, 나머지 셋과 성격이 <u>다른</u> 것을 고르세요.

① ② ③ ④

4 낱말을 잘 듣고, 그림의 낱말과 첫소리가 같은 것을 고르세요.

weight

① ② ③ ④

script
① engine ② waiter
③ form   ④ plastic

script
① menu   ② board
③ bill   ④ supper

5 낱말을 잘 듣고, 그림과 일치하는 것을 고르세요.

① ② ③ ④

6 그림에 알맞은 낱말을 주어진 알파벳으로 시작하여 쓰세요.

→ m enu

7 다음 중 낱말과 우리말 뜻이 일치하지 <u>않는</u> 것을 고르세요.

① engine – 엔진
② heat – 열, 열기
③ gas – 기체, 가스
④ track – 모양, 형태

8 알파벳을 바르게 배열하여 그림에 알맞은 낱말을 쓰세요.

→ battery

9 퍼즐판의 빈칸에 알맞은 알파벳을 써넣은 후, 나타나는 낱말을 쓰세요.

d r i l l
s p e e d
p i p e
w a i t e r
h e a t

→ depth

10~12 우리말 뜻에 맞도록 낱말을 바르게 고쳐 쓰세요.

10 플라스틱 flastic
→ plastic

11 브레이크, 제동 장치 braike
→ brake

12 저녁 식사 super
→ supper

UNIT 09   SET A

2 낱말에 알맞은 그림을 연결한 후, 따라 써 보세요.

root   branch   leaf   seed

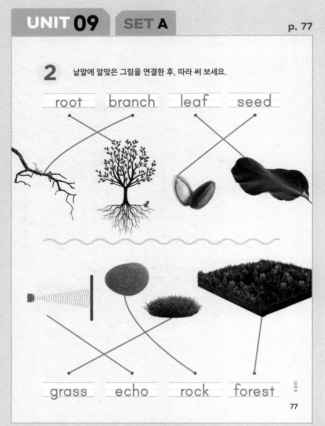

grass   echo   rock   forest

SET B

2 그림에 알맞은 낱말을 보기에서 찾아 써 보세요.

보기   ticket   passport   luggage   airline

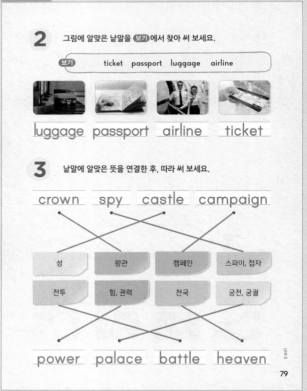

luggage   passport   airline   ticket

3 낱말에 알맞은 뜻을 연결한 후, 따라 써 보세요.

crown   spy   castle   campaign

성   왕관   캠페인   스파이, 첩자

전투   힘, 권력   천국   궁전, 궁궐

power   palace   battle   heaven

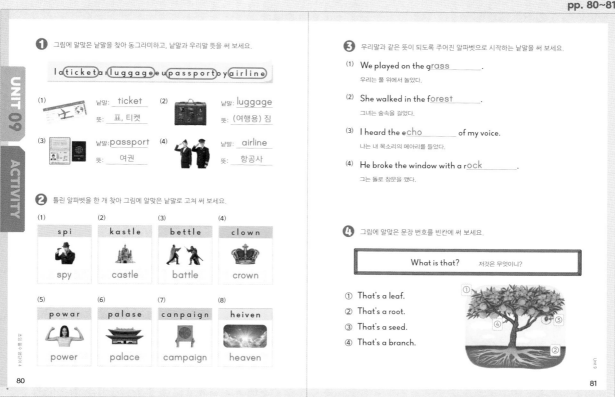

❶ 그림에 알맞은 낱말을 찾아 동그라미하고, 낱말과 우리말 뜻을 써 보세요.

l a ⟨ticket⟩ a r ⟨luggage⟩ e u ⟨passport⟩ o y ⟨airline⟩

(1) 낱말: ticket
뜻: 표, 티켓

(2) 낱말: luggage
뜻: (여행용) 짐

(3) 낱말: passport
뜻: 여권

(4) 낱말: airline
뜻: 항공사

❷ 틀린 알파벳을 한 개 찾아 그림에 알맞은 낱말로 고쳐 써 보세요.

(1) spi → spy
(2) kastle → castle
(3) bettle → battle
(4) clown → crown
(5) powar → power
(6) palase → palace
(7) canpaign → campaign
(8) heiven → heaven

❸ 우리말과 같은 뜻이 되도록 주어진 알파벳으로 시작하는 낱말을 써 보세요.

(1) We played on the grass_____.
우리는 풀 위에서 놀았다.

(2) She walked in the forest_____.
그녀는 숲속을 걸었다.

(3) I heard the echo_____ of my voice.
나는 내 목소리의 메아리를 들었다.

(4) He broke the window with a rock_____.
그는 돌로 창문을 깼다.

❹ 그림에 알맞은 문장 번호를 빈칸에 써 보세요.

| What is that? | 저것은 무엇이니? |

① That's a leaf.
② That's a root.
③ That's a seed.
④ That's a branch.

80

81

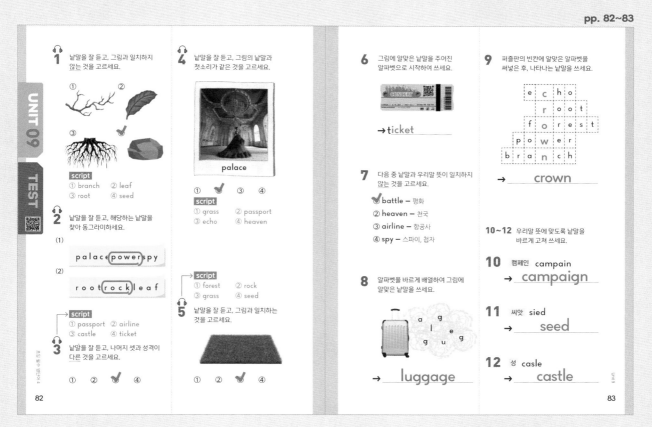

1 낱말을 잘 듣고, 그림과 일치하지 않는 것을 고르세요.

① ② ③

script
① branch ② leaf
③ root ④ seed

2 낱말을 잘 듣고, 해당하는 낱말을 찾아 동그라미하세요.

(1) palace ⟨power⟩ spy

(2) root ⟨rock⟩ leaf

script
① passport ② airline
③ castle ④ ticket

3 낱말을 잘 듣고, 나머지 셋과 성격이 다른 것을 고르세요.

① ② ✓③ ④

4 낱말을 잘 듣고, 그림의 낱말과 첫소리가 같은 것을 고르세요.

palace

① ② ③ ④

script
① grass ② passport
③ echo ④ heaven

5 낱말을 잘 듣고, 그림과 일치하는 것을 고르세요.

① ② ✓③ ④

script
① forest ② rock
③ grass ④ seed

6 그림에 알맞은 낱말을 주어진 알파벳으로 시작하여 쓰세요.

→ ticket_____

7 다음 중 낱말과 우리말 뜻이 일치하지 않는 것을 고르세요.

✓ battle – 평화
② heaven – 천국
③ airline – 항공사
④ spy – 스파이, 첩자

8 알파벳을 바르게 배열하여 그림에 알맞은 낱말을 쓰세요.

a g g l e g l u g u

→ luggage

9 퍼즐판의 빈칸에 알맞은 알파벳을 써넣은 후, 나타나는 낱말을 쓰세요.

e c h o
r o o t
f o r e s t
p o w e r
b r a n c h

→ crown_____

10~12 우리말 뜻에 맞도록 낱말을 바르게 고쳐 쓰세요.

10 캠페인 campain
→ campaign

11 씨앗 sied
→ seed

12 성 casle
→ castle

82

83

47

2 우리말과 같은 뜻이 되도록 보기에서 알맞은 낱말을 찾아 써 보세요.

보기 ill absent polite excellent boring perfect friendly exciting

(1) The movie was __boring__.
그 영화는 지루했다.

(2) She is an __excellent__ teacher.
그녀는 훌륭한 선생님이시다.

(3) The show was __exciting__.
그 공연은 흥미진진했다.

(4) He is __polite__ to everyone.
그는 모든 사람에게 공손하다.

(5) The hotel staff is __friendly__.
그 호텔 직원은 친절하다.

(6) I was __ill__ yesterday.
나는 어제 아팠다.

(7) He speaks __perfect__ English.
그는 완벽한 영어를 한다.

(8) She was __absent__ from school yesterday.
그녀는 어제 학교에 결석했다.

Unit 10
85

2 그림과 관련 있는 직업을 보기에서 찾아 써 보세요.

보기 designer musician dentist engineer

dentist   musician   designer   engineer

3 낱말에 알맞은 뜻을 연결한 후, 따라 써 보세요.

special   nervous   powerful   curious

| 강력한, 힘 있는 | 특별한 | 호기심이 많은 | 불안한, 초조한 |

| 멋진, 훌륭한 | 영리한 | 어리석은 | 가장 좋아하는 |

clever   wonderful   favorite   foolish

Unit 10
87

1 자신이 하고 싶은 일을 발표하고 있어요. 각 사람에게 어울리는 직업을 보기에서 찾아 써 보세요.

보기 designer   musician   dentist   engineer

(1) 이가 아픈 사람들을 치료하고 싶어요. __dentist__

(2) 기계를 전문적으로 다루는 일을 하고 싶어요. __engineer__

(3) 내가 상상하는 멋진 옷을 디자인하고 싶어요. __designer__

(4) 내가 듣고 싶은 음악을 작곡하고 연주하고 싶어요. __musician__

2 숨겨진 낱말을 찾아 동그라미하고, 그 낱말에 알맞은 그림을 골라 보세요.

a s p o l i t e n t

f o v a b s e n t r

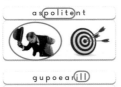

g u p o e a r i l l

e x c e l l e n t y

3 빈칸에 알맞은 알파벳을 써넣어 그림에 알맞은 낱말을 완성해 보세요.

(1) c l e v e r

(2) n e r v o u s

(3) f r i e n d l y

(4)  b o r i n g

(5) f o o l i s h

(6) 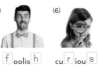 c u r i o u s

(7) p o w e r f u l

(8) p e r f e c t

4 우리말과 같은 뜻이 되도록 보기에서 알맞은 낱말을 찾아 써 보세요.

(1) She is a __wonderful__ singer.
그녀는 훌륭한 가수이다.

(2) I have a very __special__ plan.
나는 매우 특별한 계획이 있다.

(3) The movie is fun and __exciting__.
그 영화는 재미있고 흥미롭다.

(4) Summer is my __favorite__ season.
여름은 내가 가장 좋아하는 계절이다.

보기
exciting
favorite
special
wonderful

Unit 10

88

89

48

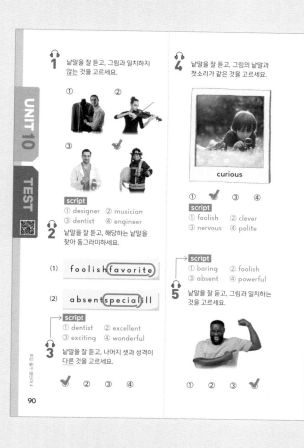

UNIT 10 TEST

1 낱말을 잘 듣고, 그림과 일치하지 않는 것을 고르세요.

① ② ③ ④

script
① designer ② musician
③ dentist ④ engineer

2 낱말을 잘 듣고, 해당하는 낱말을 찾아 동그라미하세요.

(1) foolish ⟨favorite⟩

(2) absent ⟨special⟩ ⟨ill⟩

script
① dentist ② excellent
③ exciting ④ wonderful

3 낱말을 잘 듣고, 나머지 셋과 성격이 다른 것을 고르세요.

✔ ② ③ ④

4 낱말을 잘 듣고, 그림의 낱말과 첫소리가 같은 것을 고르세요.

curious

① ② ③ ④

script
① foolish ② clever
③ nervous ④ polite

script
① boring ② foolish
③ absent ④ powerful

5 낱말을 잘 듣고, 그림과 일치하는 것을 고르세요.

① ② ③ ✔

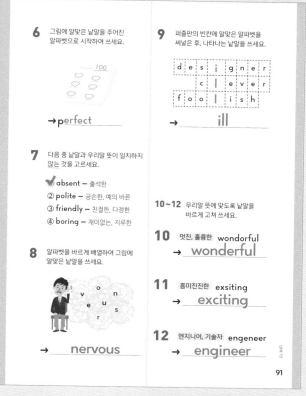

6 그림에 알맞은 낱말을 주어진 알파벳으로 시작하여 쓰세요.

→ perfect

7 다음 중 낱말과 우리말 뜻이 일치하지 않는 것을 고르세요.

✔ absent — 출석한
② polite — 공손한, 예의 바른
③ friendly — 친절한, 다정한
④ boring — 재미없는, 지루한

8 알파벳을 바르게 배열하여 그림에 알맞은 낱말을 쓰세요.

v o n
e u s
r

→ nervous

9 퍼즐판의 빈칸에 알맞은 알파벳을 써넣은 후, 나타나는 낱말을 쓰세요.

d	e	s	i	g	n	e	r
		c	l	e	v	e	r
f	o	o	l	i	s	h	

→ ill

10~12 우리말 뜻에 맞도록 낱말을 바르게 고쳐 쓰세요.

10 멋진, 훌륭한 wonderful
→ wonderful

11 흥미진진한 exsiting
→ exciting

12 엔지니어, 기술자 engeneer
→ engineer

90 / 91

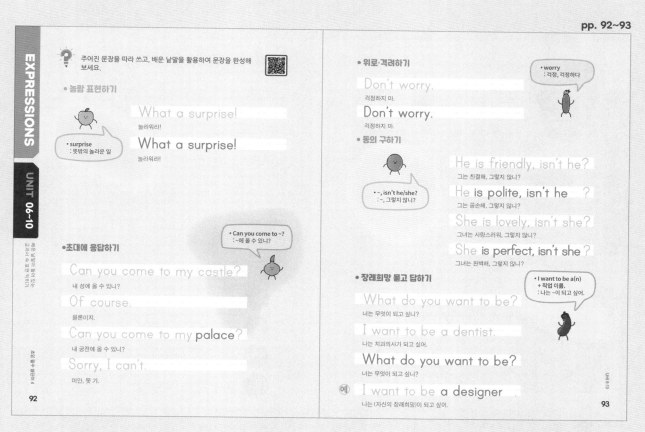

EXPRESSIONS UNIT 06~10

주어진 문장을 따라 쓰고, 배운 낱말을 활용하여 문장을 완성해 보세요.

• 놀람 표현하기

• surprise
: 뜻밖의 놀라운 일

What a surprise!
놀라워라!

What a surprise!
놀라워라!

• 초대에 응답하기

• Can you come to ~?
: ~에 올 수 있니?

Can you come to my castle?
내 성에 올 수 있니?

Of course.
물론이지.

Can you come to my palace?
내 궁전에 올 수 있니?

Sorry, I can't.
미안, 못 가.

• 위로·격려하기

• worry
: 걱정, 걱정하다

Don't worry.
걱정하지 마.

Don't worry.
걱정하지 마.

• 동의 구하기

• ~, isn't he/she?
: ~, 그렇지 않니?

He is friendly, isn't he?
그는 친절해, 그렇지 않니?

He is polite, isn't he?
그는 공손해, 그렇지 않니?

She is lovely, isn't she?
그녀는 사랑스러워, 그렇지 않니?

She is perfect, isn't she?
그녀는 완벽해, 그렇지 않니?

• 장래희망 묻고 답하기

• I want to be a(n)
+ 직업 이름.
: 나는 ~이 되고 싶어.

What do you want to be?
너는 무엇이 되고 싶니?

I want to be a dentist.
나는 치과의사가 되고 싶어.

What do you want to be?
너는 무엇이 되고 싶니?

예 I want to be a designer
나는 (자신의 장래희망)이 되고 싶어.

92 / 93

49

2 낱말에 알맞은 뜻을 연결한 후, 따라 써 보세요.

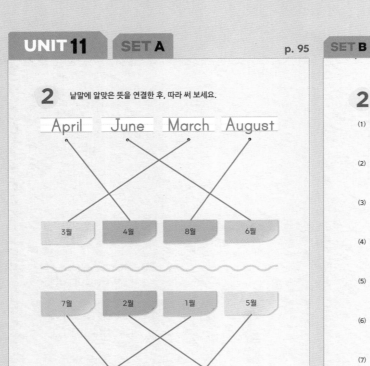

2 따라 쓴 다음, 알맞은 뜻과 연결해 보세요.

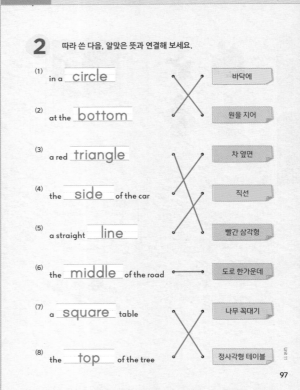

(1) in a _circle_ — 바닥에

(2) at the _bottom_ — 원을 지어

(3) a red _triangle_ — 차 옆면

(4) the _side_ of the car — 직선

(5) a straight _line_ — 빨간 삼각형

(6) the _middle_ of the road — 도로 한가운데

(7) a _square_ table — 나무 꼭대기

(8) the _top_ of the tree — 정사각형 테이블

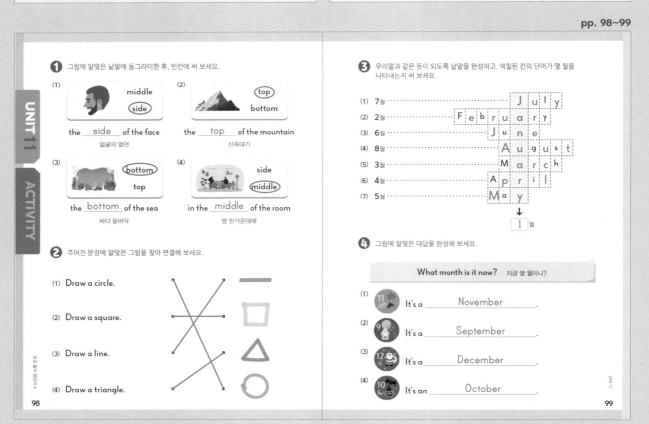

1 그림에 알맞은 낱말에 동그라미한 후, 빈칸에 써 보세요.

(1) middle / (side)
the _side_ of the face
얼굴의 옆면

(2) (top) / bottom
the _top_ of the mountain
산꼭대기

(3) (bottom) / top
the _bottom_ of the sea
바다 밑바닥

(4) side / (middle)
in the _middle_ of the room
방 한가운데에

2 주어진 문장에 알맞은 그림을 찾아 연결해 보세요.

(1) Draw a circle.
(2) Draw a square.
(3) Draw a line.
(4) Draw a triangle.

3 우리말과 같은 뜻이 되도록 낱말을 완성하고, 색칠된 칸의 단어가 몇 월을 나타내는지 써 보세요.

(1) 7월 ····· J u l y
(2) 2월 ····· F e b r u a r y
(3) 6월 ····· J u n e
(4) 8월 ····· A u g u s t
(5) 3월 ····· M a r c h
(6) 4월 ····· A p r i l
(7) 5월 ····· M a y

↓
1 월

4 그림에 알맞은 대답을 완성해 보세요.

What month is it now? 지금 몇 월이니?

(1) It's a _November_ .
(2) It's a _September_ .
(3) It's a _December_ .
(4) It's an _October_ .

1 낱말을 잘 듣고, 그림과 일치하지 않는 것을 고르세요.

① ○   ② △
✓ WWW   ④ ——

script
① circle   ② triangle
③ square   ④ line

2 낱말을 잘 듣고, 해당하는 낱말을 찾아 동그라미하세요.

(1) March (April) top
(2) square (September)

script
① January   ② February
③ March   ④ bottom

3 낱말을 잘 듣고, 나머지 셋과 성격이 다른 것을 고르세요.

① ② ③ ✓

4 낱말을 잘 듣고, 그림의 낱말과 첫소리가 같은 것을 고르세요.

July

① ✓② ③ ④

script
① June   ② April
③ May   ④ August

script
① top   ② middle
③ bottom   ④ side

5 낱말을 잘 듣고, 그림과 일치하는 것을 고르세요.

① ✓② ③ ④

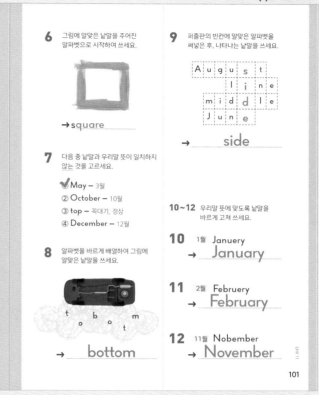

6 그림에 알맞은 낱말을 주어진 알파벳으로 시작하여 쓰세요.

→ square

7 다음 중 낱말과 우리말 뜻이 일치하지 않는 것을 고르세요.

✓ May – 3월
② October – 10월
③ top – 꼭대기, 정상
④ December – 12월

8 알파벳을 바르게 배열하여 그림에 알맞은 낱말을 쓰세요.

t o b o t m

→ bottom

9 퍼즐판의 빈칸에 알맞은 알파벳을 써넣은 후, 나타나는 낱말을 쓰세요.

A	u	g	u	s	t	
			l	i	n	e
m	i	d	d	l	e	
J	u	n	e			

→ side

10~12 우리말 뜻에 맞도록 낱말을 바르게 고쳐 쓰세요.

10 1월 Januery
→ January

11 2월 Februery
→ February

12 11월 Nobember
→ November

100   101

UNIT 12   SET A
p. 103

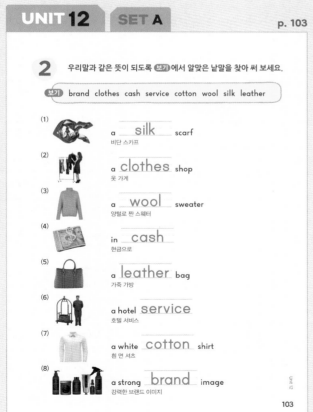

2 우리말과 같은 뜻이 되도록 보기에서 알맞은 낱말을 찾아 써 보세요.

보기 brand clothes cash service cotton wool silk leather

(1) a silk scarf
비단 스카프

(2) a clothes shop
옷 가게

(3) a wool sweater
양털로 짠 스웨터

(4) in cash
현금으로

(5) a leather bag
가죽 가방

(6) a hotel service
호텔 서비스

(7) a white cotton shirt
흰 면 셔츠

(8) a strong brand image
강력한 브랜드 이미지

103

SET B
p. 105

2 따라 쓴 다음, 알맞은 뜻과 연결해 보세요.

(1) a cold virus   혈액 샘플
(2) on the Internet   감기 바이러스
(3) a blood sample   인터넷 상에서
(4) a telephone call   스트레스 호르몬
(5) a stress hormone   전화 통화
(6) a website address   새로운 스마트폰
(7) a new smartphone   컴퓨터 기술
(8) computer technology   웹사이트 주소

105

정답

51

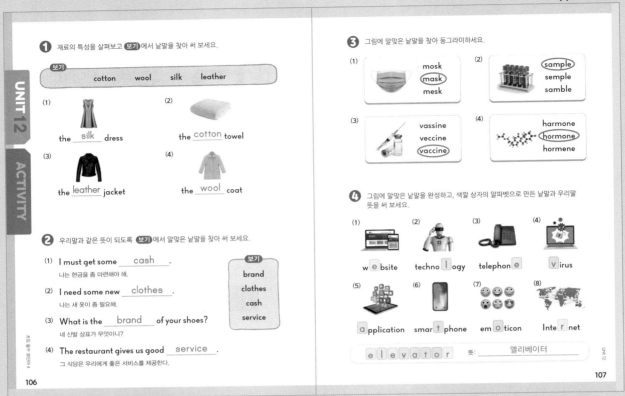

❶ 재료의 특성을 살펴보고 보기에서 낱말을 찾아 써 보세요.

보기
cotton   wool   silk   leather

(1) the __silk__ dress
(2) the __cotton__ towel
(3) the __leather__ jacket
(4) the __wool__ coat

❷ 우리말과 같은 뜻이 되도록 보기에서 알맞은 낱말을 찾아 써 보세요.

(1) I must get some __cash__ .
나는 현금을 좀 마련해야 해.

(2) I need some new __clothes__ .
나는 새 옷이 좀 필요해.

(3) What is the __brand__ of your shoes?
네 신발 상표가 무엇이니?

(4) The restaurant gives us good __service__ .
그 식당은 우리에게 좋은 서비스를 제공한다.

보기
brand
clothes
cash
service

❸ 그림에 알맞은 낱말을 찾아 동그라미하세요.

(1) mosk / (mask) / mesk
(2) (sample) / semple / samble
(3) vassine / veccine / (vaccine)
(4) harmone / (hormone) / hormene

❹ 그림에 알맞은 낱말을 완성하고, 색깔 상자의 알파벳으로 만든 낱말과 우리말 뜻을 써 보세요.

(1) w e bsite
(2) techno l ogy
(3) telephon e
(4) v irus
(5) a pplication
(6) smar t phone
(7) em o ticon
(8) Inte r net

e l e v a t o r   뜻: 엘리베이터

106
107

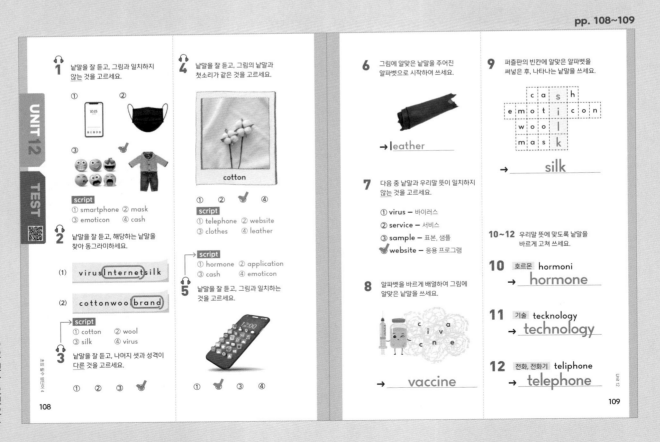

UNIT 12 TEST

1 낱말을 잘 듣고, 그림과 일치하지 않는 것을 고르세요.
① ② ③ ④
script
① smartphone ② mask
③ emoticon ④ cash

2 낱말을 잘 듣고, 해당하는 낱말을 찾아 동그라미하세요.
(1) virus (Internet) silk
(2) cotton woo (brand)
script
① cotton ② wool
③ silk ④ virus

3 낱말을 잘 듣고, 나머지 셋과 성격이 다른 것을 고르세요.
① ② ③ ④

4 낱말을 잘 듣고, 그림의 낱말과 첫소리가 같은 것을 고르세요.
cotton
① ② ③ ④
script
① telephone ② website
③ clothes ④ leather
script
① hormone ② application
③ cash ④ emoticon

5 낱말을 잘 듣고, 그림과 일치하는 것을 고르세요.
① ② ③ ④

6 그림에 알맞은 낱말을 주어진 알파벳으로 시작하여 쓰세요.
→ l eather

7 다음 중 낱말과 우리말 뜻이 일치하지 않는 것을 고르세요.
① virus – 바이러스
② service – 서비스
③ sample – 표본, 샘플
✓ website – 응용 프로그램

8 알파벳을 바르게 배열하여 그림에 알맞은 낱말을 쓰세요.
c i v a c n e
→ vaccine

9 퍼즐판의 빈칸에 알맞은 알파벳을 써넣은 후, 나타나는 낱말을 쓰세요.
c a s h
e m o t i c o n
w o o l
m a s k
→ silk

10~12 우리말 뜻에 맞도록 낱말을 바르게 고쳐 쓰세요.

10 호르몬 hormoni
→ hormone

11 기술 teclogy
→ technology

12 전화, 전화기 teliphone
→ telephone

108
109

52

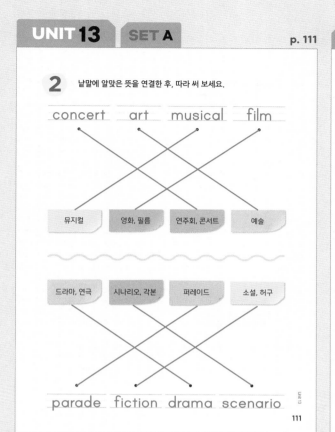

2 낱말에 알맞은 뜻을 연결한 후, 따라 써 보세요.

concert   art   musical   film

뮤지컬   영화, 필름   연주회, 콘서트   예술

드라마, 연극   시나리오, 각본   퍼레이드   소설, 허구

parade   fiction   drama   scenario

111

2 우리말과 같은 뜻이 되도록 보기에서 알맞은 낱말을 찾아 써 보세요.

보기 speak introduce alarm carol condition
wedding couple band

(1) Let's sing a __carol__.
캐롤을 부르자.

(2) They had a quiet __wedding__.
그들은 조용한 결혼식을 치뤘다.

(3) Let me __introduce__ myself.
내 소개를 할게요.

(4) This car is in good __condition__.
이 차는 상태가 좋다.

(5) Look at the happy __couple__.
행복한 커플을 좀 보세요.

(6) I can __speak__ English well.
나는 영어를 잘 말할 수 있어.

(7) He plays guitar in a __band__.
그는 밴드에서 기타를 연주한다.

(8) I set the __alarm__ for 7 o'clock.
나는 7시로 알람을 맞췄다.

113

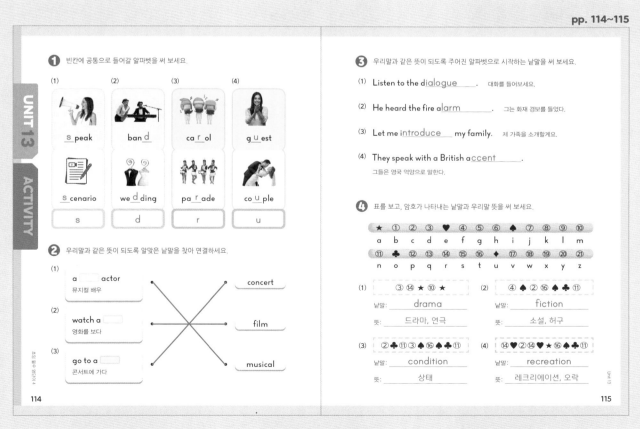

UNIT 13 | ACTIVITY

1 빈칸에 공통으로 들어갈 알파벳을 써 보세요.

(1) s_peak   s_cenario   **s**

(2) ban_d   we_d_ding   **d**

(3) ca_r_ol   pa_r_ade   **r**

(4) g_u_est   co_u_ple   **u**

2 우리말과 같은 뜻이 되도록 알맞은 낱말을 찾아 연결하세요.

(1) a ____ actor   concert
뮤지컬 배우

(2) watch a ____   film
영화를 보다

(3) go to a ____   musical
콘서트에 가다

114

3 우리말과 같은 뜻이 되도록 주어진 알파벳으로 시작하는 낱말을 써 보세요.

(1) Listen to the d_ialogue____.   대화를 들어보세요.

(2) He heard the fire a_larm____.   그는 화재 경보를 들었다.

(3) Let me __introduce__ my family.   제 가족을 소개할게요.

(4) They speak with a British a_ccent____.
그들은 영국 억양으로 말한다.

4 표를 보고, 암호가 나타내는 낱말과 우리말 뜻을 써 보세요.

★	①	②	③	♥	④	⑤	⑥	♠	⑦	⑧	⑨	⑩
a	b	c	d	e	f	g	h	i	j	k	l	m

⑪	♣	⑫	⑬	⑭	⑮	⑯	◆	⑰	⑱	⑲	⑳	㉑
n	o	p	q	r	s	t	u	v	w	x	y	z

(1) ③ ⑭ ★ ⑩ ★
낱말: __drama__
뜻: __드라마, 연극__

(2) ④ ♠ ② ⑯ ♣ ⑪
낱말: __fiction__
뜻: __소설, 허구__

(3) ② ♣ ⑬ ♠ ⑯ ♣ ⑪
낱말: __condition__
뜻: __상태__

(4) ⑭ ♥ ② ⑭ ★ ⑯ ♣ ⑪
낱말: __recreation__
뜻: __레크리에이션, 오락__

115

53

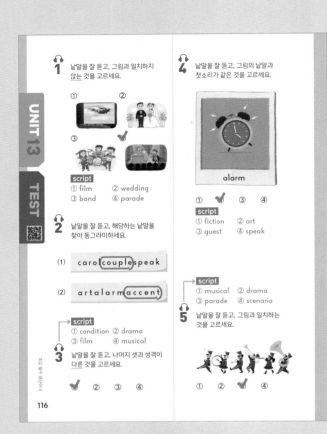

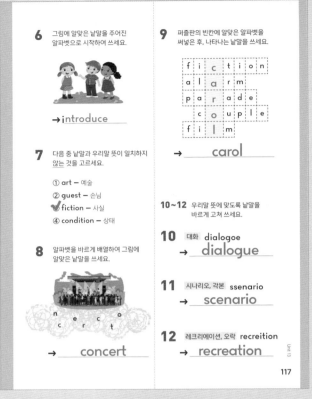

UNIT 14 SET A

2 낱말에 알맞은 뜻을 연결한 후, 따라 써 보세요.

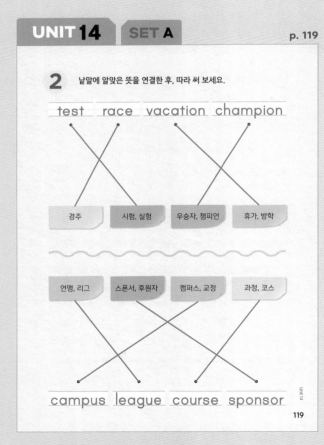

SET B

2 따라 쓴 다음, 알맞은 뜻과 연결해 보세요.

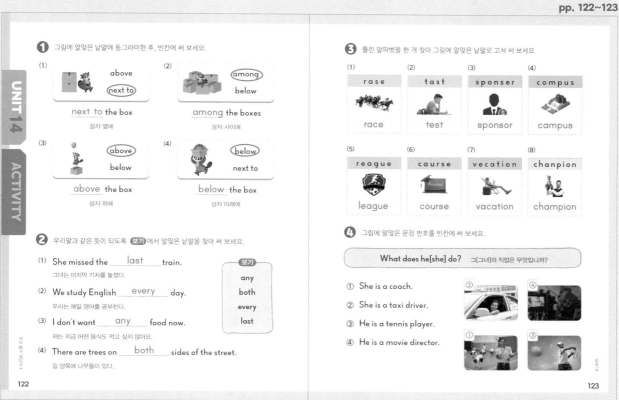

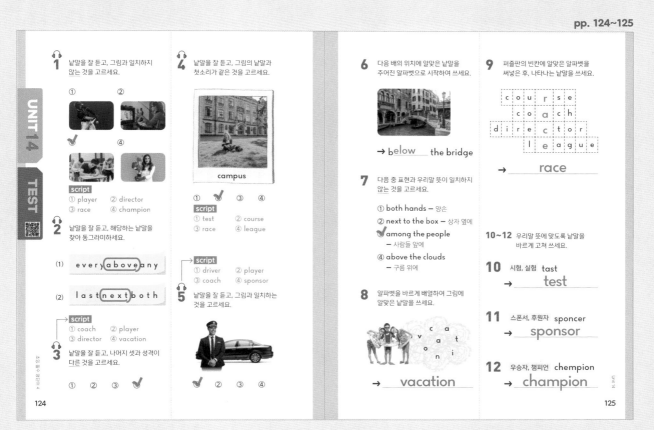

55

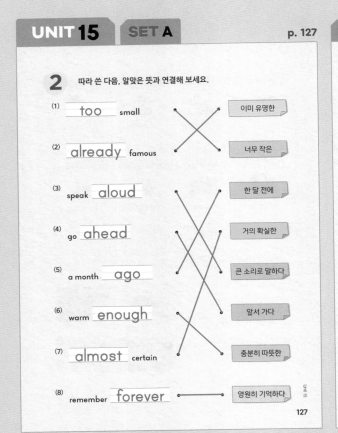

2 따라 쓴 다음, 알맞은 뜻과 연결해 보세요.

(1) too small — 너무 작은
(2) already famous — 이미 유명한
(3) speak aloud — 큰 소리로 말하다
(4) go ahead — 앞서 가다
(5) a month ago — 한 달 전에
(6) warm enough — 충분히 따뜻한
(7) almost certain — 거의 확실한
(8) remember forever — 영원히 기억하다

127

2 우리말과 같은 뜻이 되도록 보기 에서 알맞은 낱말을 찾아 써 보세요.

보기 against away during once than then through yet

(1) Don't go yet.
아직은 가지 마.

(2) once a month
한 달에 한 번

(3) against the idea
그 생각에 반대하는

(4) during the meal
식사 동안에

(5) through the door
문을 통하여

(6) away from my family
가족과 떨어져서

(7) less than 200 calories
200칼로리보다 적은

(8) Wash the tomatoes, then cut them.
토마토를 씻고, 그다음에 그것들을 잘라라.

129

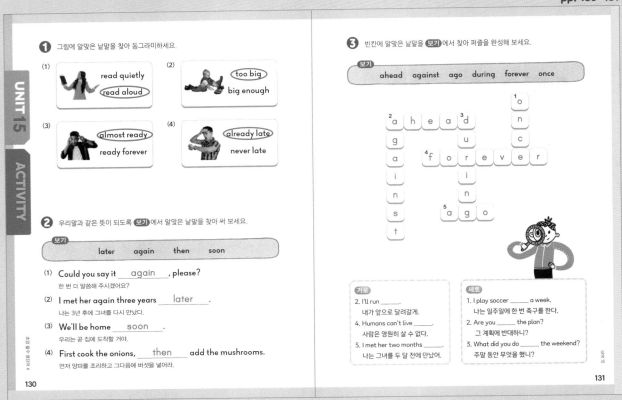

1 그림에 알맞은 낱말을 찾아 동그라미하세요.

(1) read quietly / (read aloud)
(2) (too big) / big enough
(3) (almost ready) / ready forever
(4) (already late) / never late

2 우리말과 같은 뜻이 되도록 보기 에서 알맞은 낱말을 찾아 써 보세요.

보기 later again then soon

(1) Could you say it again, please?
한 번 더 말씀해 주시겠어요?

(2) I met her again three years later.
나는 3년 후에 그녀를 다시 만났다.

(3) We'll be home soon.
우리는 곧 집에 도착할 거야.

(4) First cook the onions, then add the mushrooms.
먼저 양파를 조리하고 그다음에 버섯을 넣어라.

130

3 빈칸에 알맞은 낱말을 보기 에서 찾아 퍼즐을 완성해 보세요.

보기 ahead against ago during forever once

가로
2. I'll run _____.
내가 앞으로 달려갈게.
4. Humans can't live _____.
사람은 영원히 살 수 없다.
5. I met her two months _____.
나는 그녀를 두 달 전에 만났어.

세로
1. I play soccer _____ a week.
나는 일주일에 한 번 축구를 한다.
2. Are you _____ the plan?
그 계획에 반대하니?
3. What did you do _____ the weekend?
주말 동안 무엇을 했니?

131

56

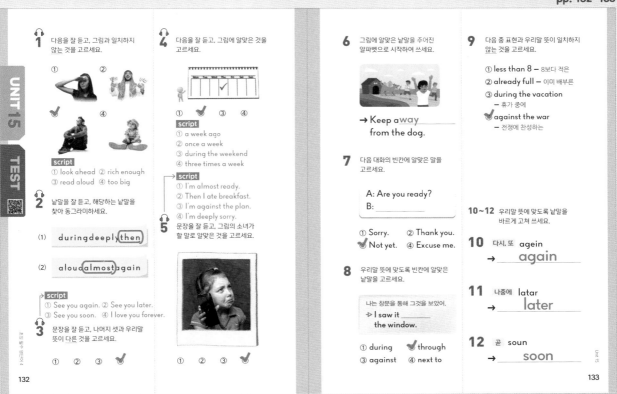

UNIT 15 — TEST

1 다음을 잘 듣고, 그림과 일치하지 않는 것을 고르세요.
script ① look ahead ② rich enough ③ read aloud ④ too big

2 낱말을 잘 듣고, 해당하는 낱말을 찾아 동그라미하세요.
(1) during deeply (then)
(2) (aloud) almost (again)
script ① See you again. ② See you later. ③ See you soon. ④ I love you forever.

3 문장을 잘 듣고, 나머지 셋과 우리말 뜻이 다른 것을 고르세요.
① ② ③ ④✓

4 다음을 잘 듣고, 그림에 알맞은 것을 고르세요.
① ②✓ ③ ④
script ① a week ago ② once a week ③ during the weekend ④ three times a week
script ① I'm almost ready. ② Then I ate breakfast. ③ I'm against the plan. ④ I'm deeply sorry.

5 문장을 잘 듣고, 그림의 소녀가 할 말로 알맞은 것을 고르세요.
① ② ③ ④✓

6 그림에 알맞은 낱말을 주어진 알파벳으로 시작하여 쓰세요.
→ Keep away from the dog.

7 다음 대화의 빈칸에 알맞은 말을 고르세요.
A: Are you ready?
B: _____
① Sorry. ② Thank you. ③✓ Not yet. ④ Excuse me.

8 우리말 뜻에 맞도록 빈칸에 알맞은 낱말을 고르세요.
나는 창문을 통해 그것을 보았어.
▷ I saw it ___ the window.
① during ②✓ through ③ against ④ next to

9 다음 중 표현과 우리말 뜻이 일치하지 않는 것을 고르세요.
① less than 8 — 8보다 적은
② already full — 이미 배부른
③ during the vacation — 휴가 중에
④✓ against the war — 전쟁에 찬성하는

10~12 우리말 뜻에 맞도록 낱말을 바르게 고쳐 쓰세요.
10 다시, 또 agein → again
11 나중에 latar → later
12 곧 soun → soon

Unit 15

132 133

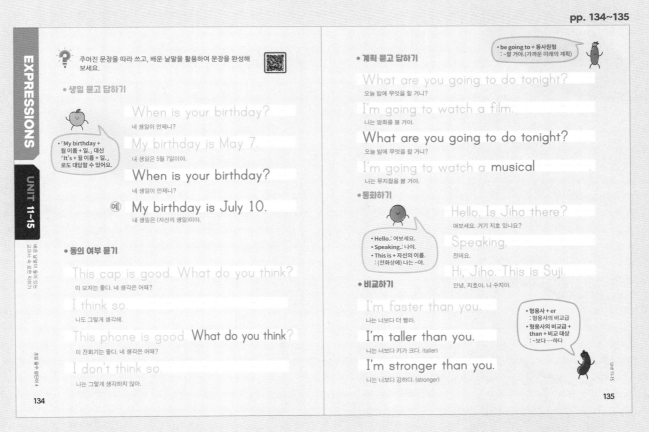

EXPRESSIONS — UNIT 11-15

주어진 문장을 따라 쓰고, 배운 낱말을 활용하여 문장을 완성해 보세요.

• 생일 묻고 답하기
When is your birthday? 네 생일이 언제니?
My birthday is May 7. 내 생일은 5월 7일이야.
「My birthday + 월 이름 + 일.」 대신 「It's + 월 이름 + 일.」로도 대답할 수 있어요.
When is your birthday? 네 생일이 언제니?
예 My birthday is July 10. 내 생일은 (자신의 생일)이야.

• 동의 여부 묻기
This cap is good. What do you think? 이 모자는 좋다. 네 생각은 어때?
I think so. 나도 그렇게 생각해.
This phone is good. What do you think? 이 전화기는 좋다. 네 생각은 어때?
I don't think so. 나는 그렇게 생각하지 않아.

• 계획 묻고 답하기
be going to + 동사원형 : ~할 거야.(가까운 미래의 계획)
What are you going to do tonight? 오늘 밤에 무엇을 할 거니?
I'm going to watch a film. 나는 영화를 볼 거야.
What are you going to do tonight? 오늘 밤에 무엇을 할 거니?
I'm going to watch a musical 나는 뮤지컬을 볼 거야.

• 통화하기
Hello. Is Jiho there? 여보세요. 거기 지호 있나요?
Speaking. 전데요.
Hi, Jiho. This is Suji. 안녕, 지호야. 나 수지야.
• Hello.: 여보세요. • Speaking.: 나야. • This is + 자신의 이름. : (전화상에서) 나는 ~야.

• 비교하기
I'm faster than you. 나는 너보다 더 빨라.
I'm taller than you. 나는 너보다 키가 크다. (taller)
I'm stronger than you. 나는 너보다 강하다. (stronger)
• 형용사 + er : 형용사의 비교급 • 형용사의 비교급 + than + 비교 대상 : ~보다 …하다

Unit 11-15

134 135

정답

57

5종의 영어 교과서 단어를 1권으로 뚝딱!

초등잉글리쉬

초잉

6학년
과정

필수영단어

WORKBOOK
정답

A 그림에 알맞은 낱말을 완성한 후, 완성된 낱말을 알맞은 상자에 써 보세요.

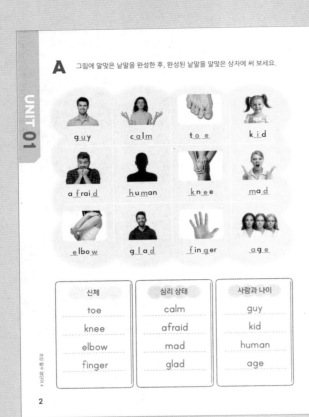

신체	심리 상태	사람과 나이
toe	calm	guy
knee	afraid	kid
elbow	mad	human
finger	glad	age

B 알파벳을 바르게 배열하여, 그림에 알맞은 단어를 써 보세요.

(1) cnhi ▶ chin
(2) culky ▶ lucky
(3) ceoiv ▶ voice
(4) oelvly ▶ lovely
(5) cekhe ▶ cheek
(6) aetciv ▶ active
(7) tenguo ▶ tongue
(8) acefurl ▶ careful

A 그림에 알맞은 낱말을 완성한 후, 완성된 낱말을 알맞은 상자에 써 보세요.

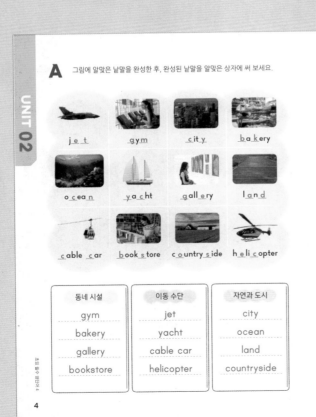

동네 시설	이동 수단	자연과 도시
gym	jet	city
bakery	yacht	ocean
gallery	cable car	land
bookstore	helicopter	countryside

B 그림에 알맞은 낱말을 써 보세요.

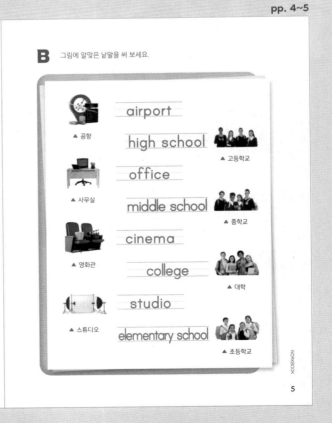

airport ▲ 공항
high school ▲ 고등학교
office ▲ 사무실
middle school ▲ 중학교
cinema ▲ 영화관
college ▲ 대학
studio ▲ 스튜디오
elementary school ▲ 초등학교

60

UNIT 03

A 그림에 알맞은 낱말을 찾아 번호를 써넣으세요.

⑩ ⑤ ④ ③

⑨ ⑫ ⑦

1 cart　　2 bomb
3 score　　4 basket
5 fire　　6 court
7 danger　　8 elevator
9 medal　　10 captain
11 accident　　12 escalator

① ② ⑥ ⑧ ⑪

B 알맞은 낱말을 넣어 문장을 완성해 보세요.

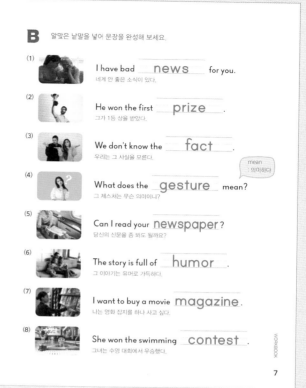

(1) I have bad **news** for you.
네게 안 좋은 소식이 있다.

(2) He won the first **prize**.
그가 1등 상을 받았다.

(3) We don't know the **fact**.
우리는 그 사실을 모른다.

mean
: 의미하다

(4) What does the **gesture** mean?
그 제스처는 무슨 의미이니?

(5) Can I read your **newspaper**?
당신의 신문을 좀 봐도 될까요?

(6) The story is full of **humor**.
그 이야기는 유머로 가득하다.

(7) I want to buy a movie **magazine**.
나는 영화 잡지를 하나 사고 싶다.

(8) She won the swimming **contest**.
그녀는 수영 대회에서 우승했다.

6　　　　　　　　　　7

UNIT 04

A 그림에 알맞은 낱말을 찾아 번호를 써넣으세요.

⑥ ② ① ⑨

③ ④

1 fail　　2 lie
3 talk　　4 agree
5 enter　　6 guess
7 guard　　8 exit
9 decide　　10 control
11 succeed　　12 discuss

⑤ ⑩

⑦ ⑪ ⑧ ⑫

B 그림에 알맞은 낱말을 써 보세요.

believe
▲ 믿다

diary
▲ 일기

understand
▲ 이해하다

begin
▲ 시작하다

wish
▲ 바라다, 희망하다

schedule
▲ 일정, 스케줄

advise
▲ 조언하다, 충고하다

finish
▲ 끝내다, 마치다

8　　　　　　　　　　9

61

UNIT 05

A 그림에 알맞은 낱말을 완성한 후, 완성된 낱말을 알맞은 상자에 써 보세요.

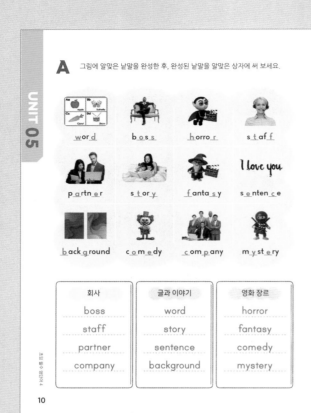

w o r d

b o s s

h o r r o r

s t a f f

p a r t n e r

s t o r y

f a n t a s y

s e n t e n c e

b a c k ground

c o m e d y

c o m p a n y

m y s t e r y

회사	글과 이야기	영화 장르
boss	word	horror
staff	story	fantasy
partner	sentence	comedy
company	background	mystery

10

B 알파벳을 바르게 배열하여, 그림에 알맞은 단어를 써 보세요.

(1) e f i l ▸ file

(2) a c f r t o y ▸ factory

(3) b o s u n ▸ bonus

(4) p j c o e r t ▸ project

(5) a c n e b i t ▸ cabinet

(6) s a e m r i n ▸ seminar

(7) e i t n v r w i e ▸ interview

(8) e b s n s u i s ▸ business

11

UNIT 06

A 그림에 알맞은 낱말을 찾아 번호를 써넣으세요.

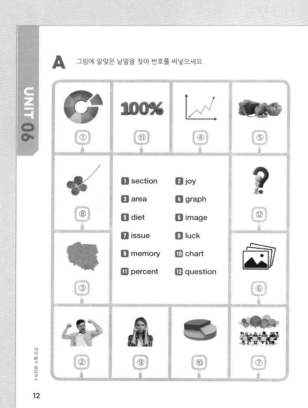

①	⑪	④	⑤
⑧	**1** section **2** joy **3** area **4** graph **5** diet **6** image **7** issue **8** luck **9** memory **10** chart **11** percent **12** question		⑫
③			⑥
②	⑨	⑩	⑦

12

B 그림에 알맞은 낱말을 써 보세요.

fat
▲ 지방

part
▲ 일부

type
▲ 유형, 종류

energy
▲ 에너지

place
▲ 장소

base
▲ 기초, 토대

calorie
▲ 열량, 칼로리

chance
▲ 가능성, 기회

13

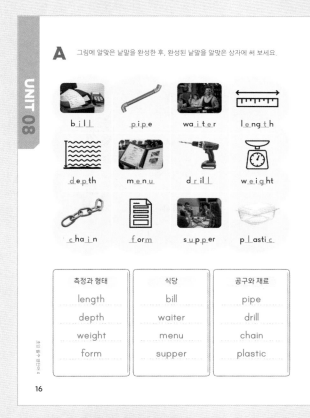

UNIT 07

A 그림에 알맞은 낱말을 찾아 번호를 써넣으세요.

1 congratulate 2 add
3 marry 4 safe
5 keep 6 basic
7 surprise 8 comic
9 dangerous 10 divide
11 graduate 12 exchange

14

B 알파벳을 바르게 배열하여, 그림에 알맞은 단어를 써 보세요.

(1) aedry ▶ ready

(2) edep ▶ deep

(3) ceanrti ▶ certain

(4) espley ▶ sleepy

(5) fnatatsic ▶ fantastic

(6) ephlflu ▶ helpful

(7) iptaormnt ▶ important

(8) uqunie ▶ unique

15

UNIT 08

A 그림에 알맞은 낱말을 완성한 후, 완성된 낱말을 알맞은 상자에 써 보세요.

b i ll   p i pe   wa i ter   l en g th

d ep th   m e n u   d r i ll   w eight

c ha i n   f orm   s upp er   p l astic

측정과 형태	식당	공구와 재료
length	bill	pipe
depth	waiter	drill
weight	menu	chain
form	supper	plastic

16

B 그림에 알맞은 낱말을 써 보세요.

board

engine

heat

speed

gas

track

battery

brake

▲ 판자
▲ 엔진
▲ 열, 열기
▲ 속도
▲ 기체, 가스
▲ 길, 발자국
▲ 건전지, 배터리
▲ 브레이크, 제동 장치

17

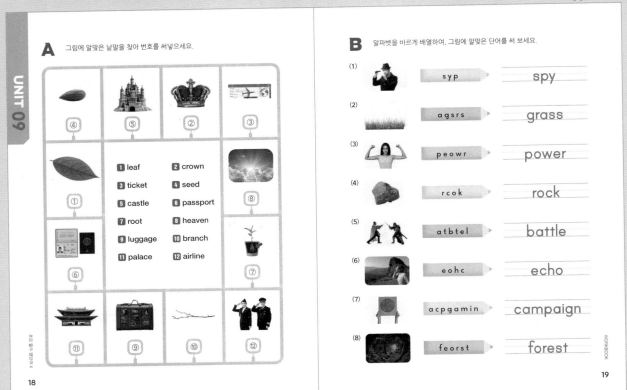

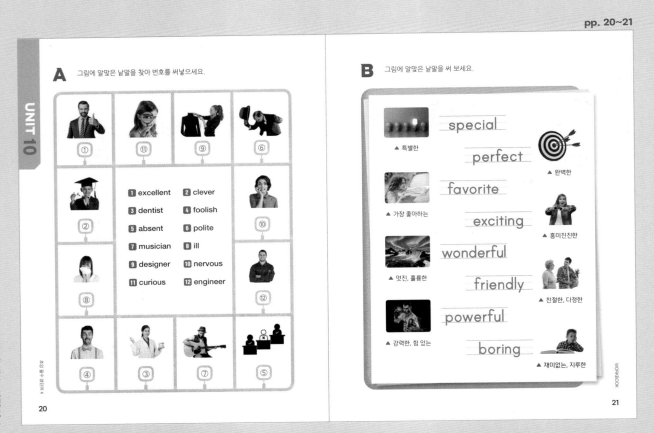

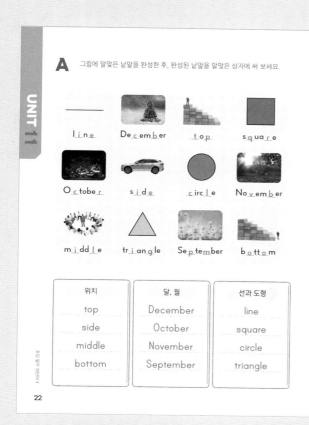

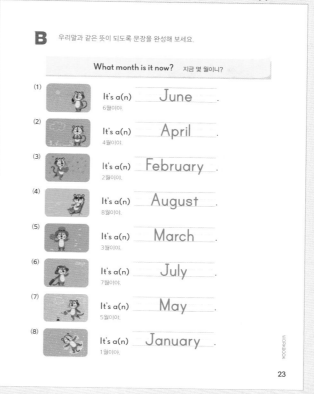

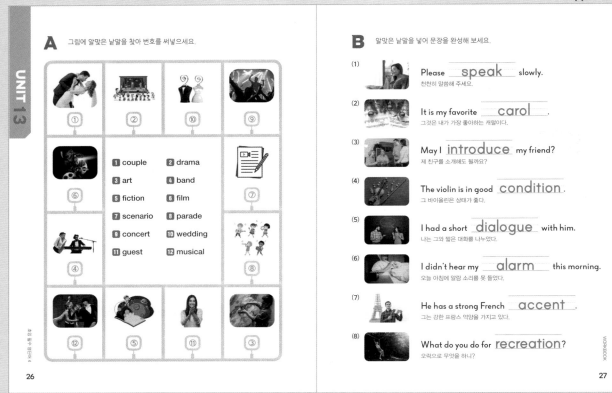

UNIT 13

A 그림에 알맞은 낱말을 찾아 번호를 써넣으세요.

①	②	⑩	⑨
⑥	**1** couple **2** drama **3** art **4** band **5** fiction **6** film **7** scenario **8** parade **9** concert **10** wedding **11** guest **12** musical		⑦
④			⑧
⑫	⑤	⑪	③

B 알맞은 낱말을 넣어 문장을 완성해 보세요.

(1) Please ___speak___ slowly.
천천히 말씀해 주세요.

(2) It is my favorite ___carol___ .
그것은 내가 가장 좋아하는 캐럴이다.

(3) May I ___introduce___ my friend?
제 친구를 소개해도 될까요?

(4) The violin is in good ___condition___ .
그 바이올린은 상태가 좋다.

(5) I had a short ___dialogue___ with him.
나는 그와 짧은 대화를 나누었다.

(6) I didn't hear my ___alarm___ this morning.
오늘 아침에 알람 소리를 못 들었다.

(7) He has a strong French ___accent___ .
그는 강한 프랑스 억양을 가지고 있다.

(8) What do you do for ___recreation___ ?
오락으로 무엇을 하니?

26

27

WORKBOOK

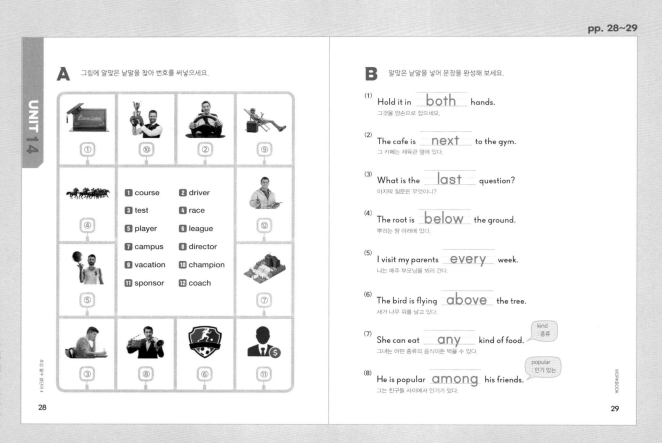

UNIT 14

A 그림에 알맞은 낱말을 찾아 번호를 써넣으세요.

①	⑩	②	⑨
④	**1** course **2** driver **3** test **4** race **5** player **6** league **7** campus **8** director **9** vacation **10** champion **11** sponsor **12** coach		⑫
⑤			⑦
③	⑧	⑥	⑪

B 알맞은 낱말을 넣어 문장을 완성해 보세요.

(1) Hold it in ___both___ hands.
그것을 양손으로 잡으세요.

(2) The cafe is ___next___ to the gym.
그 카페는 체육관 옆에 있다.

(3) What is the ___last___ question?
마지막 질문은 무엇이니?

(4) The root is ___below___ the ground.
뿌리는 땅 아래에 있다.

(5) I visit my parents ___every___ week.
나는 매주 부모님을 뵈러 간다.

(6) The bird is flying ___above___ the tree.
새가 나무 위를 날고 있다.

(7) She can eat ___any___ kind of food.
그녀는 어떤 종류의 음식이든 먹을 수 있다.
> kind
> : 종류

(8) He is popular ___among___ his friends.
그는 친구들 사이에서 인기가 있다.
> popular
> : 인기 있는

28

29

WORKBOOK

초등 필수 영단어 4

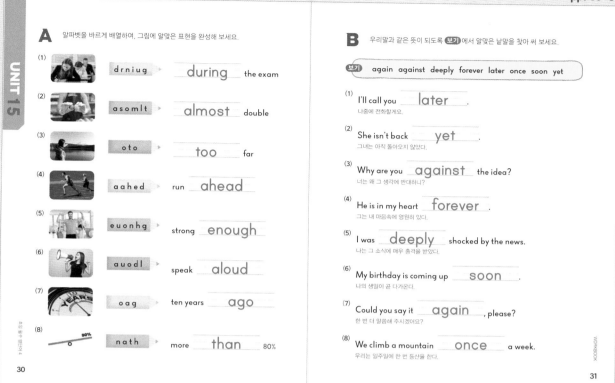

A 알파벳을 바르게 배열하여, 그림에 알맞은 표현을 완성해 보세요.

(1) d r n i u g ▶ <u>during</u> the exam

(2) a s o m l t ▶ <u>almost</u> double

(3) o t o ▶ <u>too</u> far

(4) a a h e d ▶ run <u>ahead</u>

(5) e u o n h g ▶ strong <u>enough</u>

(6) a u o d l ▶ speak <u>aloud</u>

(7) o a g ▶ ten years <u>ago</u>

(8) n a t h ▶ more <u>than</u> 80%

30

B 우리말과 같은 뜻이 되도록 보기에서 알맞은 낱말을 찾아 써 보세요.

보기 again against deeply forever later once soon yet

(1) I'll call you <u>later</u> .
나중에 전화할게요.

(2) She isn't back <u>yet</u> .
그녀는 아직 돌아오지 않았다.

(3) Why are you <u>against</u> the idea?
너는 왜 그 생각에 반대하니?

(4) He is in my heart <u>forever</u> .
그는 내 마음속에 영원히 있다.

(5) I was <u>deeply</u> shocked by the news.
나는 그 소식에 매우 충격을 받았다.

(6) My birthday is coming up <u>soon</u> .
나의 생일이 곧 다가온다.

(7) Could you say it <u>again</u> , please?
한 번 더 말씀해 주시겠어요?

(8) We climb a mountain <u>once</u> a week.
우리는 일주일에 한 번 등산을 한다.

31

67

6학년 과정 어휘 리스트

UNIT 01

age	나이
kid	아이
guy	남자
human	사람

finger	손가락
elbow	팔꿈치
knee	무릎
toe	발가락

chin	턱
cheek	볼, 뺨
voice	목소리
tongue	혀

active	활동적인
lucky	운이 좋은
lovely	사랑스러운
careful	주의 깊은, 신중한

glad	기쁜
calm	차분한
afraid	두려워하는
mad	미친, 몹시 화가 난

UNIT 02

elementary school	초등학교
middle school	중학교
high school	고등학교
college	대학

gallery	미술관
bakery	제과점, 빵집
bookstore	서점
gym	체육관

cinema	영화관
office	사무실
studio	스튜디오
airport	공항

city	도시
countryside	시골
ocean	바다
land	육지, 땅

helicopter	헬리콥터
yacht	요트
cable car	케이블 카
jet	제트기

UNIT 03

fire	불
bomb	폭탄
danger	위험
accident	사고

fact	사실
news	소식, 뉴스
newspaper	신문
magazine	잡지

cart	수레
basket	바구니
elevator	엘리베이터
escalator	에스컬레이터

captain	선장, (팀의) 주장
score	점수
court	경기장, 코트
medal	메달

humor	유머
prize	상
gesture	몸짓, 제스처
contest	대회, 시합

UNIT 04

schedule	일정, 스케줄
diary	일기
begin	시작하다
finish	끝내다, 마치다

advise	조언하다, 충고하다
understand	이해하다
believe	믿다
wish	바라다, 희망하다

agree	동의하다
decide	결정하다
discuss	상의하다, 논의하다
guess	추측하다

talk	말하다, 이야기하다
control	지배하다, 통제하다
guard	보호하다, 지키다
lie	거짓말하다, 거짓말

fail	실패하다
succeed	성공하다
enter	들어가다
exit	출구, 나가다

UNIT 05

company	회사
boss	상사, 사장
staff	직원
partner	동료, 파트너

business	사업, 업무
factory	공장
project	계획, 프로젝트
seminar	세미나, 토론회

file	파일
cabinet	캐비닛, 보관장
bonus	보너스, 상여금
interview	면접, 인터뷰

background	배경
story	이야기
word	단어, 낱말
sentence	문장

comedy	코미디
fantasy	공상, 상상
horror	공포
mystery	수수께끼, 미스테리

UNIT 06

joy	기쁨
chance	가능성, 기회
luck	운, 행운
memory	기억, 기억력

base	기초, 토대
type	유형, 종류
part	일부
place	장소

question	질문
section	부분, 부문
area	지역, 구역
issue	주제, 쟁점

diet	식사, 식단
fat	지방
calorie	열량, 칼로리
energy	에너지

percent	퍼센트, 백분율
graph	그래프
image	이미지, 인상
chart	도표, 차트

UNIT 07

comic	웃기는, 재미있는
basic	기본적인, 기초적인
safe	안전한
dangerous	위험한

helpful	도움이 되는
deep	깊은
sleepy	졸리는
unique	독특한, 특별한

ready	준비가 된
certain	확실한, 틀림없는
fantastic	환상적인, 멋진
important	중요한

add	더하다, 추가하다
divide	나누다, 가르다
keep	유지하다
exchange	교환하다

marry	결혼하다
congratulate	축하하다
surprise	놀라게 하다
graduate	졸업하다

UNIT 08

chain	사슬, 체인
pipe	관, 파이프
plastic	플라스틱
drill	드릴

brake	브레이크, 제동 장치
speed	속도
track	길, 발자국
engine	엔진

depth	깊이
form	모양, 형태
length	길이
weight	무게

battery	건전지, 배터리
heat	열, 열기
board	판자
gas	기체, 가스

bill	고지서, 계산서
menu	메뉴
waiter	(남자) 종업원
supper	저녁 식사

UNIT 09

branch	나뭇가지
leaf	잎
seed	씨앗
root	뿌리

forest	숲
grass	풀
rock	바위, 돌
echo	울림, 메아리

airline	항공사
ticket	표, 티켓
passport	여권
luggage	(여행용) 짐

heaven	천국
castle	성
palace	궁전, 궁궐
crown	왕관

battle	전투
power	힘, 권력
campaign	캠페인
spy	스파이, 첩자

UNIT 10

ill	아픈
absent	결석한
polite	공손한, 예의 바른
excellent	훌륭한

boring	재미없는, 지루한
perfect	완벽한
friendly	친절한, 다정한
exciting	흥미진진한

favorite	가장 좋아하는
special	특별한
powerful	강력한, 힘 있는
wonderful	멋진, 훌륭한

clever	영리한
curious	호기심이 많은
foolish	어리석은
nervous	불안한, 초조한

designer	디자이너
musician	음악가
dentist	치과의사
engineer	엔지니어, 기술자

UNIT 11

January	1월
February	2월
March	3월
April	4월

May	5월
June	6월
July	7월
August	8월

September	9월
October	10월
November	11월
December	12월

line	선
circle	원
triangle	삼각형
square	정사각형

top	꼭대기, 정상
bottom	맨 아래, 바닥
middle	중앙, 중간
side	옆면, 옆부분

UNIT 12

brand	상표, 브랜드
clothes	옷, 의복
cash	현금
service	서비스

cotton	목화, 솜, 면
wool	양털, 모직
silk	비단
leather	가죽

hormone	호르몬
sample	표본, 샘플
vaccine	백신
mask	마스크

technology	기술
Internet	인터넷
virus	바이러스
website	웹사이트

telephone	전화, 전화기
smartphone	스마트폰
emoticon	이모티콘
application	응용 프로그램

UNIT 13

film	영화, 필름
concert	연주회, 콘서트
musical	뮤지컬
art	예술

fiction	소설, 허구
parade	퍼레이드
drama	드라마, 연극
scenario	시나리오, 각본

dialogue	대화
accent	말씨, 악센트, 억양
speak	말하다, 이야기하다
introduce	소개하다

alarm	경보, 알람
carol	캐럴
condition	상태
recreation	레크리에이션, 오락

wedding	결혼(식)
couple	커플, 부부
band	밴드, 악단
guest	손님

UNIT 14

campus	캠퍼스, 교정
course	과정, 코스
test	시험, 실험
vacation	휴가, 방학

race	경주
league	연맹, 리그
champion	우승자, 챔피언
sponsor	스폰서, 후원자

player	참가자, 선수
driver	운전자, 기사
coach	코치
director	감독, 책임자

above	~보다 위에
below	~보다 아래에
next to	~ 바로 옆에
among	~의 사이에

any	어떤
every	모든
last	마지막의, 지난
both	둘 다의, 양쪽의

UNIT 15

ago	~전에, 이전에
forever	영원히
already	이미, 벌써
ahead	앞에, 앞으로

almost	거의
too	너무
enough	충분히
aloud	큰 소리로

once	한 번, 1회
away	떨어져서
yet	아직
then	그때, 그다음에

during	~동안, ~중에
against	~에 반대하여
than	~보다
through	~을 통해

again	다시, 또
later	나중에
soon	곧
deeply	깊이

기초학력 진단평가
모의평가

초등 4학년

◆ 기초학력 진단평가란?

매년 학기 초에 실시하는 검사로
지난 학년에 배운 학습 내용을 점검하여
기본적인 학습 수준을 진단하는 평가입니다.

초등학교 4학년 기초학력 진단검사

국 어

( ) 초등학교   4학년 ( )반   ( )번   이름 ( )

1 다음 시의 ㉠~㉢ 중 소나기가 내리는 소리를 감각적으로 표현한 부분이 <u>아닌</u> 것은? ─── ( )

> **소나기**
>
> ㉠ 누가 잘 익은 콩을   소나기 그치고 나면
> 저렇게 쏟고 있나   ㉢ 하늘빛이 더 맑다
>
> ㉡ 또로록 마당 가득
> ㉢ 실로폰 소리 난다

① ㉠   ② ㉡
③ ㉢   ④ ㉣

2 다음 문단의 중심 문장으로 알맞은 것은? ( )

> 장승은 여러 가지 구실을 했습니다. 우리 조상은 장승이 나쁜 병이나 기운이 마을로 들어오는 것을 막아 준다고 믿었습니다. 장승은 나그네에게 길을 알려 주기도 했습니다. 또 장승은 마을과 마을 사이를 나누는 구실도 했습니다.

① 장승은 여러 가지 구실을 했습니다.
② 장승은 나그네에게 길을 알려 주기도 했습니다.
③ 장승은 마을과 마을 사이를 나누는 구실도 했습니다.
④ 우리 조상은 장승이 나쁜 병이나 기운이 마을로 들어오는 것을 막아 준다고 믿었습니다.

3 다음 남자아이가 한 말을 알맞게 고친 것은? ───── ( )

> 할아버지, 밥 먹어.

① 할아버지, 밥 먹어요.
② 할아버지, 밥 드세요.
③ 할아버지, 진지 먹어요.
④ 할아버지, 진지 잡수세요.

4 다음 글에서 민재가 호준이에게 전하려는 마음으로 알맞은 것은? ───── ( )

> 호준아, 나 민재 형이야.
> 한 달 동안이나 저녁마다 줄넘기 연습을 열심히 하는 너를 보면서 네가 기특하고 대단하다고 생각했어. 그런데 어제 있었던 줄넘기 대회에서 상을 받지 못했다는 소식을 들었어. 많이 속상했지? 그래도 포기하지 않고 꾸준히 연습하면 다음에는 더 좋은 결과가 있을 거야.

① 미안한 마음   ② 고마운 마음
③ 위로하는 마음   ④ 부탁하는 마음

5 다음 중 글을 읽고 간추리는 방법으로 알맞지 <u>않은</u> 것은? ───── ( )

① 묶을 수 있는 낱말을 이용해서 정리한다.
② 각 문단의 중요한 내용을 찾아 정리한다.
③ 마지막 문단의 뒷받침 문장을 빠짐없이 쓴다.
④ 중요한 내용을 이어서 전체 내용을 하나로 묶는다.

[6~7] 다음 글을 읽고, 물음에 답하시오.

> 가 민화는 옛날 사람들이 널리 사용하던 그림이에요. 따라서 민화 속에는 우리 조상의 삶과 신앙, 멋이 깃들어 있어요. 민화가 여느 그림과 다른 점은 생활에 필요한 실용적인 그림이라는 것이에요. 다시 말해, 선비들이 그린 격조 높은 산수화나 솜씨 좋은 화원이 그린 작품들은 오래 두고 감상하는 그림이지만, 민화는 어떤 특별한 목적을 위해 사용한 그림이지요.
>
> 나 민화의 쓰임새는 여러 가지였어요. 혼례식이나 잔치를 치를 때 장식용으로 쓰던 병풍 그림도 민화였고, 대문이나 벽에 부적처럼 걸어 둔 것도 민화였고, 자신의 소망을 빌거나 누군가를 축하하는 그림도 민화였어요.
>
> 다 민화는 호랑이, 까치, 물고기, 사슴, 학, 거북, 토끼, 매와 같은 동물이나 소나무와 대나무, 모란, 불로초, 연꽃, 석류 같은 식물 등의 다양한 소재를 사용했어요. 해태나 용 같은 상상의 동물도 있지요. 우리 조상은 민화에 복을 기원하고, 악귀나 나쁜 것을 몰아내는 힘이 있다고 믿었던 거예요.

6 문단 나에서 알 수 있는 내용으로 알맞은 것은?
.... (   )

① 민화의 뜻
② 민화의 소재
③ 민화의 쓰임새
④ 민화를 그린 사람

7 문단 다를 간추린 내용으로 알맞은 것은? (   )

① 민화는 생활에 필요한 실용적인 그림이다.
② 민화는 자신의 소망을 빌거나 축하하는 그림이다.
③ 민화는 해태나 용 같은 상상의 동물을 소재로 사용했다.
④ 민화는 동물, 식물, 상상의 동물과 같은 다양한 소재를 사용했다.

8 다음 결과에 대한 원인으로 알맞은 것은? (   )

결과	나는 이제 혼자서도 자전거를 잘 탈 수 있게 되었다.

① 내 자전거가 고장이 났다.
② 나는 엄마와 함께 공원을 산책했다.
③ 나는 엄마께 자전거 타는 방법을 열심히 배웠다.
④ 나는 동생에게 자전거 타는 방법을 가르쳐 주었다.

[9~10] 다음 글을 읽고, 물음에 답하시오.

> 기후에 따라 ㉠입는 옷이 ㉡다릅니다. 추운 겨울에는 몸의 열을 빼앗기지 않으려고 가죽옷이나 두꺼운 털옷을 입습니다. 그러나 무더운 여름에는 몸에서 ㉢생기는 열을 내보내려고 ㉣얇고 성긴 옷을 입습니다.

9 ㉠~㉣의 기본형으로 알맞지 않은 것은? (   )

① ㉠입는 → 입는다
② ㉡다릅니다 → 다르다
③ ㉢생기는 → 생기다
④ ㉣얇고 → 얇다

10 위 글에 쓰인 다음 낱말 중에서 국어사전에 가장 나중에 싣는 낱말은? .... (   )

① 몸   ② 털옷
③ 기후   ④ 여름

[11~12] 다음 글을 읽고, 물음에 답하시오.

가 우리는 지구를 깨끗이 하려고 노력해야 합니다. 왜냐하면 지구는 앞으로도 우리가 살아갈 터전이기 때문입니다. 그런데 우리가 한 번 쓰고 난 뒤에 무심코 버리는 일회용품은 지구를 병들게 합니다.

나 첫째, 비닐봉지를 적게 써야 합니다. 왜냐하면 전 세계에서 매년 사용하고 버리는 비닐봉지 양이 매우 많기 때문입니다. 이것을 처리하려면 돈이 많이 듭니다. 그냥 두면 없어지는 데 500년이 넘게 걸립니다. 그러므로 물건을 사거나 담을 때에는 여러 번 쓸 수 있는 가방이나 장바구니를 활용해야 합니다.

둘째, [㉠   ] 왜냐하면 일회용 컵은 쓰기는 간편하지만 낭비하기 쉽기 때문입니다. 이렇게 낭비하면 일회용 컵 재료가 되는 나무나 플라스틱이 많이 필요하기 때문에 환경을 더 파괴할 수 있습니다. 그러므로 일회용 컵 대신에 여러 번 쓸 수 있는 컵을 사용해야 합니다.

11 위 글에 나타난 글쓴이의 의견으로 알맞은 것은?
.... (   )

① 나무를 심고 가꾸자.
② 비닐봉지 사용을 금지시키자.
③ 지구에 있는 자원을 개발하자.
④ 지구를 깨끗이 가꿀 수 있도록 노력하자.

12 다음 중 ㉠에 들어갈 중심 문장으로 알맞은 것은?
.... (   )

① 물을 아껴 써야 합니다.
② 일회용 컵을 적게 써야 합니다.
③ 나무를 함부로 베지 말아야 합니다.
④ 쓰레기를 제대로 분리해서 버려야 합니다.

13 다음 ㉠의 뜻을 알맞게 짐작한 것은? .... (   )

우리나라에서는 사라져 가는 반딧불이 ㉠서식지를 천연기념물로 정하고 있습니다. 전라북도 무주군 설천면 남대천 일대가 바로 그곳이에요. 여기에서는 매년 반딧불이 축제가 열립니다.

① 생물의 이름
② 생물의 먹이
③ 생물이 번식하는 방법
④ 생물이 자리를 잡고 사는 곳

[14~15] 다음 글을 읽고, 물음에 답하시오.

가 갯벌은 다양한 생물이 살 수 있는 장소입니다. 갯벌에 물이 들어오기도 하고 빠지기도 하면서 생물이 살기에 적합한 환경을 만듭니다.

나 어민들은 갯벌에서 수산물을 키우고 거두어 돈을 법니다. 어민들은 갯벌에서 조개나 물고기, 낙지 따위를 잡아 팝니다. 또 갯벌은 생물이 살기에 좋은 환경이므로 어민들이 바다 생물들을 직접 키우기도 합니다.

다 갯벌은 쓸모없는 땅이 아니라 우리와 함께 살아가는 소중한 장소입니다. 소중한 갯벌을 잘 보존해야겠습니다.

14 위 글에서 설명하는 내용은? .... (   )

① 갯벌의 종류
② 갯벌이 사라지는 까닭
③ 갯벌이 생태계에 주는 피해
④ 갯벌이 우리에게 주는 좋은 점

15 위 글의 중심 생각으로 알맞은 것은? .... (   )

① 갯벌 체험을 꼭 해야 한다.
② 소중한 갯벌을 잘 보존해야 한다.
③ 갯벌을 쓸모 있는 땅으로 만들어야 한다.
④ 갯벌은 물이 들어오기도 하고 빠지기도 하는 위험한 땅이다.

16 다음 글에서 글쓴이가 쓴 인상 깊은 일은? (   )

> "주혁이가 열이 많이 나는구나. 아무래도 장염에 걸린 것 같다. 이번 가을에만 두 번째네."
> 아빠께서 걱정스럽게 말씀하셨다. 주혁이는 얼굴을 찡그리며 힘들어했다. 아빠께서 병원에 갈 채비를 하시는 동안 나는 주혁이 옆에 앉아 있었다.
> "누나, 나 아파."
> 주혁이가 눈물이 그렁그렁한 얼굴로 말했다.
> "병원 다녀오면 금방 나을 거야."
> 나는 주혁이의 이마에 차가운 물수건을 얹어 주었다.
> 마음이 아팠다. 동생이 얼른 나았으면 좋겠다.

① 동생이 아팠던 일
② 아빠와 놀았던 일
③ 동생과 싸웠던 일
④ 아빠가 병원에 입원하셨던 일

17 다음 시에서 빈칸에 들어갈 감각적 표현으로 알맞은 것은? ············ (   )

> **감기**
>
> 내 몸에
> 불덩이가 들어왔다.
> -□□□□.
> 불덩이를 따라
> 몹시 추운 사람도 들어왔다.
> -오들오들.
>
> 약을 먹고 나니
> 느릿느릿,
> 거북이도 들어오고
> 까무룩,
> 잠꾸러기도 들어왔다.

① 아삭아삭   ② 뜨끈뜨끈
③ 말랑말랑   ④ 푹신푹신

18 다음 중 띄어쓰기 방법으로 알맞지 <u>않은</u> 것은? ············ (   )

① 낱말과 낱말 사이는 띄어 쓴다.
② 마침표나 쉼표 앞에 오는 말은 띄어 쓴다.
③ '이/가, 을/를'과 같은 말은 앞말에 붙여 쓴다.
④ 수를 나타내는 말과 단위를 나타내는 말 사이는 띄어 쓴다.

19 다음 그림에서 빈칸에 들어갈 말로 알맞은 것은? ············ (   )

① 나오셨다   ② 나오셨어요
③ 나왔습니다   ④ 나오셨습니다

20 다음 전화 대화에서 수현이가 잘못한 점으로 알맞은 것은? ············ (   )

① 아무런 말을 하지 않았다.
② 대화 도중에 전화를 끊었다.
③ 너무 큰 소리로 통화하였다.
④ 상대가 누구인지 확인하지 않았다.

[21~22] 다음 규리가 쓴 글을 읽고, 물음에 답하시오.

가 1교시는 사회 시간이었다. 우리 지역의 자랑거리를 조사해서 발표하는 시간이었다.
　우리 모둠 발표자는 나였다. 앞 모둠 발표가 거의 끝나 가자 나는 가슴이 콩닥콩닥 뛰기 시작했다.
　'어쩌지? 실수하면 안 되는데……'

나 나는 음악 시간 내내 민호의 리코더 선생님이 되었다.
　"규리야, '솔' 음은 어떻게 소리 내니?"
　"응, 내가 가르쳐 줄게."
　민호는 가르쳐 주는 대로 잘 따라 했다.
　"아, 이렇게 하는 거구나. 고마워, 규리야."
　민호가 잘하자 나도 덩달아 기분이 좋아졌다.

21 글 가 에 나타난 규리의 마음으로 알맞은 것은?
……………………………………………… (　　)

① 행복하다.　　　　② 서운하다.
③ 걱정스럽다.　　　④ 자랑스럽다.

22 글 나 에서 규리가 겪은 일은? ………… (　　)

① 민호에게 리코더를 빌렸다.
② 음악 시간에 리코더 연주 시험을 보았다.
③ 음악 시간에 민호와 함께 노래를 불렀다.
④ 민호에게 리코더 연주 방법을 가르쳐 주었다.

23 독서 감상문에서 다음 내용이 해당하는 부분은?
……………………………………………… (　　)

　나는 이 책에서 바위나리를 그리워하며 울다가 빛을 잃은 아기별이 하늘 나라에서 쫓겨나 바다로 떨어진 장면이 가장 기억에 남는다. 왜냐하면 살아 있을 때에는 만나지 못하다가 죽은 뒤에야 같이 있을 수 있게 된 것이 너무 슬펐기 때문이다.

① 책 제목　　　　　② 인상 깊은 부분
③ 책을 읽게 된 까닭　④ 책을 읽기 전의 생각

24 글 가 ~ 라 의 차례를 알맞게 정리한 것은? (　　)

가 점심시간이 끝난 오후 한 시, 소방서에서 병주가 가장 기대하던 소방관 체험으로 활동을 시작했다.
나 거의 열한 시가 되었다. 우리는 제빵사 체험을 하려고 제빵 학원으로 갔다.
다 우리 모둠은 가장 먼저 소품 설계관으로 출발했다. 소품 설계관은 작은 소품을 설계하고 직접 만들 수 있는 곳이다. 체험 학습 계획을 세울 때 민기가 "집안 어른들께 선물로 드릴 만한 물건을 만들면 좋겠어."라고 의견을 냈기 때문에 소품 설계관을 첫 번째 체험 활동 장소로 정했다.
라 제빵사 체험을 마치고 나오니 거의 열두 시가 되었다. 우리 모둠은 중앙 광장에서 아까 만든 크림빵과 각자 싸 온 점심을 먹으며 다른 모둠 친구들과 체험 활동 이야기를 나누었다.

① 가 → 나 → 다 → 라　② 나 → 다 → 라 → 가
③ 다 → 나 → 라 → 가　④ 다 → 라 → 가 → 나

25 다음 ㉠에 어울리는 말투는? ………………… (　　)

　나그네가 문을 열자, 호랑이가 뛰쳐나와서 나그네를 잡아먹으려고 덤빈다.

나그네: 이게 무슨 짓이오? 약속을 지키지 않고…….
호랑이: ㉠하하, 궤짝 속에서 한 약속을 궤짝 밖에 나와서도 지키라는 법이 어디 있어?
나그네: 조금 전에 은혜를 모를 리가 있겠느냐고 하면서 애걸복걸하지 않았소?

① 뻔뻔한 말투　　　② 공손한 말투
③ 울먹이는 말투　　④ 미안해하는 말투

♣ 수고하였습니다. ♣
답안지에 답을 정확히 표기하였는지 확인하시오.

바른답·알찬풀이 54쪽

초등학교 4학년 기초학력 진단검사

수 학

( ) 초등학교 4학년 ( )반 ( )번 이름 ( )

※ 검사지의 문항 수(25문항)와 면수(4면)를 확인하시오.
※ 답안지에 학교명, 반, 번호, 이름을 정확히 쓰시오.

1 ㉠에서 ㉡까지의 거리는 몇 m인가? ……… ( )

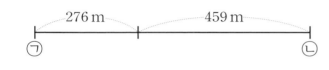

① 183 m　　② 254 m
③ 735 m　　④ 745 m

2 다음을 계산한 결과는? ……… ( )

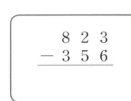

① 463　　② 467
③ 477　　④ 485

3 다음 도형 중 각이 가장 많은 도형은? …… ( )

① 가　　② 나
③ 다　　④ 라

4 다음 중 직사각형에 대한 설명으로 옳지 <u>않은</u> 것은? ……… ( )

① 변이 4개 있다.
② 모든 각이 직각이다.
③ 각이 4개 있다.
④ 모든 변의 길이가 같다.

5 구슬 24개를 8명에게 똑같이 나누어 주려고 한다. 한 사람에게 줄 수 있는 구슬은 몇 개인가? ( )

① 3개　　② 4개
③ 5개　　④ 6개

6 $30 \div 5$의 몫을 구하려고 한다. 이용할 수 있는 곱셈식을 모두 고른 것은? ……… ( )

㉠ $7 \times 5 = 35$　　㉡ $5 \times 6 = 30$
㉢ $6 \times 5 = 30$　　㉣ $5 \times 7 = 35$

① ㉠, ㉡　　② ㉠, ㉣
③ ㉡, ㉢　　④ ㉢, ㉣

7 혜지네 학교 4학년은 한 반에 20명씩 4개 반이 있다. 혜지네 학교 4학년 학생은 모두 몇 명인가?

.... ( )

① 40명   ② 60명
③ 70명   ④ 80명

8 음료수가 한 상자에 15병씩 담겨 있다. 8상자에 담겨 있는 음료수는 모두 몇 병인가? .... ( )

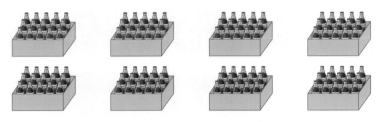

① 105병   ② 120병
③ 135병   ④ 150병

9 다음 중 단위를 <u>잘못</u> 바꾸어 나타낸 것은? ( )

① 3 cm 5 mm＝35 mm
② 80 mm＝8 cm
③ 7000 m＝70 km
④ 5 km 200 m＝5200 m

10 민재는 오늘 수학 공부를 어제보다 몇 분 몇 초 더 오래 했는가? .... ( )

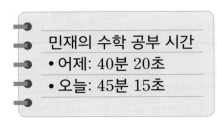

민재의 수학 공부 시간
• 어제: 40분 20초
• 오늘: 45분 15초

① 4분 5초   ② 4분 55초
③ 5분 5초   ④ 5분 55초

11 색칠한 부분은 전체의 얼마인지 분수로 바르게 나타낸 것은? .... ( )

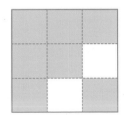

① $\dfrac{7}{9}$ ② $\dfrac{8}{9}$
③ $\dfrac{7}{10}$ ④ $\dfrac{8}{10}$

12 다음 중 가장 작은 소수는? .... ( )

① 2.3   ② 1.2
③ 0.9   ④ 1.7

13 다음 두 수의 곱은? .... ( )

245	3

① 685   ② 735
③ 785   ④ 835

14 방울토마토가 한 상자에 178개씩 들어 있다. 6상자에 들어 있는 방울토마토는 모두 몇 개인가? ···(   )

① 924개   ② 978개

③ 1024개   ④ 1068개

15 참외 35개를 한 명에게 8개씩 주려고 한다. ㉠, ㉡에 들어갈 수를 바르게 짝 지은 것은? ··········(   )

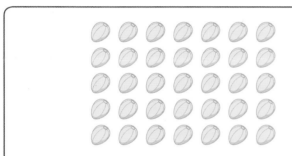

㉠명에게 나누어 줄 수 있고, ㉡개가 남는다.

      ㉠   ㉡
①   2   4
②   3   5
③   4   3
④   5   2

16 밤 420개를 5상자에 똑같이 나누어 담으려고 한다. 밤은 한 상자에 몇 개씩 담을 수 있는가? ····(   )

① 80개   ② 84개

③ 88개   ④ 94개

17 다음 원의 반지름과 지름을 바르게 짝 지은 것은? ·········(   )

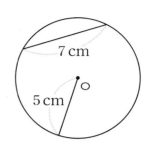

     반지름   지름
①   5 cm   10 cm
②   5 cm   14 cm
③   7 cm   10 cm
④   7 cm   14 cm

18 컴퍼스를 이용하여 다음과 같은 모양을 그리려고 한다. 컴퍼스의 침을 꽂아야 할 곳은 모두 몇 군데인가? ·········(   )

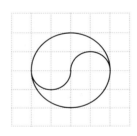

① 2군데   ② 3군데

③ 4군데   ④ 5군데

19 다음에서 ☐ 안에 알맞은 수는? ·········(   )

$$32의 \frac{3}{4}은 ☐이다.$$

① 12   ② 16

③ 20   ④ 24

20 다음 중 가분수를 대분수로 <u>잘못</u> 나타낸 것은?
....(   )

① $\dfrac{8}{5}=1\dfrac{3}{5}$ ② $\dfrac{15}{8}=1\dfrac{7}{8}$

③ $\dfrac{17}{6}=2\dfrac{1}{6}$ ④ $\dfrac{20}{9}=2\dfrac{2}{9}$

21 다음 중 가장 작은 분수는? ....(   )

① $\dfrac{11}{3}$ ② $5\dfrac{2}{3}$

③ $\dfrac{13}{3}$ ④ $2\dfrac{1}{3}$

22 두 그릇의 들이의 합은? ....(   )

       3 L 500 mL   1 L 800 mL

① 4 L 300 mL   ② 5 L 300 mL
③ 5 L 800 mL   ④ 6 L 200 mL

23 수박을 바구니에 담았을 때와 바구니에 담지 않았을 때의 무게를 각각 재었다. 빈 바구니의 무게는?
....(   )

① 250 g   ② 300 g
③ 350 g   ④ 400 g

24 어느 초등학교 4학년 학생들이 좋아하는 계절을 조사하여 나타낸 표이다. 표에 대한 설명으로 옳은 것은?
....(   )

4학년 학생들이 좋아하는 계절

계절	봄	여름	가을	겨울	합계
학생 수(명)	35	40	38	19	132

① 가을을 좋아하는 학생이 가장 많다.
② 봄을 좋아하는 학생은 40명이다.
③ 봄과 겨울을 좋아하는 학생은 모두 44명이다.
④ 가을을 좋아하는 학생 수는 겨울을 좋아하는 학생 수의 2배이다.

25 준호네 학교 체육관에 있는 종류별 공의 수를 조사하여 나타낸 그림그래프이다. 가장 적게 있는 공은?
....(   )

종류별 공의 수

종류	공의 수
농구공	◯ ◯ ◯ ◯
축구공	◯ ◯
배구공	◯ ◯ ◯ ◯ ◯
야구공	◯ ◯ ◯ ◯ ◯ ◯

◯ 10개 ◯ 1개

① 농구공   ② 축구공
③ 배구공   ④ 야구공

♣ 수고하였습니다. ♣
답안지에 답을 정확히 표기하였는지 확인하시오.

초등학교 4학년 기초학력 진단검사

사 회

(   ) 초등학교   4학년 (   ) 반   (   ) 번   이름 (   )

※ 검사지의 문항 수(25문항)와 면수(5면)를 확인하시오.
※ 답안지에 학교명, 반, 번호, 이름을 정확히 쓰시오.

1 고장의 여러 장소와 그 장소에서 경험할 수 있는 일을 알맞게 짝 지은 것은? ·············· (   )

① 학교 - 필요한 물건을 산다.
② 놀이터 - 책을 읽거나 빌린다.
③ 도서관 - 친구들과 신나게 뛰어논다.
④ 공원 - 가족이나 반려동물과 산책한다.

2 다음 고장의 모습을 그린 그림을 비교하는 방법으로 알맞지 <u>않은</u> 것은? ·············· (   )

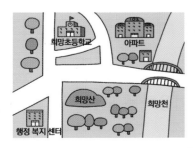 

① 두 그림에 모두 있는 장소 찾기
② 어느 한 그림에만 있는 장소 찾기
③ 그림을 그린 도화지의 크기 비교하기
④ 두 그림에서 찾은 장소의 위치와 모양 비교하기

3 디지털 영상 지도에 대한 설명으로 알맞지 <u>않은</u> 것은? ·············· (   )

① 우리 학교 누리집에서 찾아볼 수 있다.
② 컴퓨터와 스마트폰 등에서 쉽게 이용할 수 있다.
③ 고장의 전체적인 모습과 자세한 모습을 볼 수 있다.
④ 비행기나 인공위성에서 찍은 사진을 이용하여 만든 지도이다.

4 고장의 주요 장소로 알맞은 곳은? ·············· (   )

① 한적한 곳
② 나만 아는 곳
③ 교통이 불편한 곳
④ 사람들이 자주 찾는 곳

5 다음에서 설명하는 것으로 알맞은 것은? (   )

> 옛날부터 책에 기록되어 있거나 사람들 사이에 전해 내려오는 이야기를 말한다.

① 지명
② 옛이야기
③ 문화유산
④ 교통수단

---

6 다음 지명을 통해 알 수 있는 것으로 알맞은 것은?
⋯⋯⋯⋯⋯⋯⋯⋯⋯⋯⋯⋯⋯⋯⋯⋯⋯ (　　　)

마이산	코끼리 바위

두 개의 봉우리가 말의 귀를 닮아 붙은 이름임.	바위의 모양이 코끼리를 닮아 붙은 이름임.

① 고장의 문화유산
② 고장의 자연환경
③ 고장의 역사적 인물
④ 오늘날 고장 사람들이 이용하는 통신수단

7 다음 중 문화유산으로 알맞지 <u>않은</u> 것은? (　　　)

① ⚙ 석굴암　　② ⚙ 경복궁

③ ⚙ 첨성대　　④ ⚙ 스마트폰

8 다음 중 고장의 문화유산을 소개하는 방법으로 알맞지 <u>않은</u> 것은?⋯⋯⋯⋯⋯⋯⋯⋯⋯⋯ (　　　)

① 문화유산 신문 만들기
② 문화유산 그림 그리기
③ 문화유산 책 찾아보기
④ 문화 관광 해설사가 되어 문화유산 설명하기

9 다음 교통수단들의 공통점으로 알맞은 것은?
⋯⋯⋯⋯⋯⋯⋯⋯⋯⋯⋯⋯⋯⋯⋯⋯⋯ (　　　)

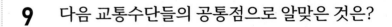

> • 가마　　• 달구지　　• 당나귀

① 땅에서 이용하였다.
② 오늘날의 교통수단이다.
③ 환경을 크게 오염시켰다.
④ 과학 기술이 발달하면서 등장하였다.

10 오늘날 교통수단을 이용하는 모습으로 알맞은 것은?⋯⋯⋯⋯⋯⋯⋯⋯⋯⋯⋯⋯⋯⋯⋯⋯ (　　　)

① 뗏목으로 물건을 실어 나른다.
② 소달구지에 쌀가마니를 싣고 간다.
③ 버스를 타고 친구와 박물관에 간다.
④ 당나귀를 타고 시장에 구경하러 간다.

11 옛날 통신수단의 특징을 <u>잘못</u> 말한 친구는?
··· (   )

① 소식을 전하는 데 시간이 짧게 걸렸어.

② 사람이 직접 소식을 전해야 하는 경우가 많았어.

③ 한 번에 여러 사람에게 소식을 전하기가 어려웠어.

④ 비나 눈이 내리면 소식을 전하기가 더욱 힘들었어.

12 과학 기술이 발달하면서 생겨난 오늘날의 통신수단으로 알맞지 <u>않은</u> 것은? ················· (   )

① ⌂ 텔레비전
② ⌂ 스마트폰
③ ⌂ 북
④ ⌂ 인터넷

13 다음 중 자연환경이 <u>아닌</u> 것은? ············· (   )

① 들
② 바람
③ 바다
④ 과수원

14 들이 펼쳐진 고장에 사는 사람들의 생활 모습으로 알맞은 것은? ································· (   )

① 댐을 만든다.
② 숲에서 약초와 나물을 캔다.
③ 바다에 그물을 쳐 물고기를 잡는다.
④ 논과 밭에서 곡식과 채소를 재배한다.

15 다음 (   ) 안에 공통으로 들어갈 말로 알맞은 것은? ··· (   )

> (   ) 생활이란 스스로 즐거움을 얻고자 남은 시간에 하는 자유로운 활동을 말한다. 사람들은 고장의 자연환경이나 인문환경을 이용하여 다양한 (   ) 생활을 한다.

① 사회
② 여가
③ 학교
④ 회사

16 다음 그림과 같은 옷차림을 볼 수 있는 고장의 특징으로 알맞은 것은? ················ (   )

두꺼운 옷을 입고 장갑을 껴요.

① 사막이 있는 고장
② 바다와 접한 고장
③ 덥고 비가 많이 내리는 고장
④ 춥고 눈이 많이 내리는 고장

17 고장 사람들의 의식주 생활 모습이 다양하게 나타나는 까닭은? ················ (   )

① 고장의 이름이 달라서
② 고장의 환경이 달라서
③ 고장 사람들의 성격이 달라서
④ 고장 사람들의 생김새가 달라서

18 돌을 깨거나 떼어 내서 도구를 만들었던 시대에 대한 설명으로 알맞지 <u>않은</u> 것은? ················ (   )

① 동굴이나 바위 그늘에 살았다.
② 철로 만든 농기구를 사용하였다.
③ 동물의 가죽으로 옷을 만들었다.
④ 불을 사용해 음식을 익혀 먹었다.

19 다음 자료의 제목으로 알맞은 것은? ········ (   )

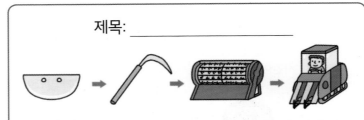

제목: _____

• 식량을 안정적으로 구하고 먹을 수 있게 되었다.
• 한 사람이 수확할 수 있는 곡식의 양이 많아졌다.

① 농사 도구의 발달로 달라진 생활 모습
② 돌을 갈아서 도구를 만들었던 시대의 생활
③ 옷을 만드는 도구의 발달로 달라진 생활 모습
④ 음식을 만드는 도구의 발달로 달라진 생활 모습

20 추석에 볼 수 있는 세시 풍속으로 알맞지 <u>않은</u> 것은? ················ (   )

① ⌃ 송편 빚어 먹기
② ⌃ 강강술래 하기
③ ⌃ 쥐불놀이 하기
④ ⌃ 차례 지내고 성묘하기

21 옛날과 오늘날의 혼인 풍습에 대한 설명으로 알맞지 <u>않은</u> 것은? ············· (　　　)

① 옛날에는 신부 집에서 혼례를 올렸다.
② 옛날에는 집안 간에 혼인 약속을 했다.
③ 오늘날에는 남녀가 함께 결혼 준비를 한다.
④ 오늘날 혼인의 의미는 옛날과 많이 달라졌다.

22 확대 가족과 핵가족을 구분하는 기준으로 알맞은 것은? ············· (　　　)

① 자녀의 수가 많은가?
② 사는 지역은 어디인가?
③ 자녀의 직업은 무엇인가?
④ 결혼한 자녀와 함께 사는가?

23 오늘날 가족 구성원의 역할이 달라진 까닭은? ············· (　　　)

① 직업의 수가 줄어들었기 때문이다.
② 남녀가 평등하다는 의식이 높아졌기 때문이다.
③ 남자와 여자의 역할 구분이 엄격해졌기 때문이다.
④ 남자와 여자의 신체적인 능력 차이가 줄어들었기 때문이다.

24 다음 ㉠, ㉡ 가족에 대한 설명으로 알맞은 것은? ············· (　　　)

㉠ 새로운 가족이 생기니 좋구나.

㉡ 할머니, 할아버지! 공원에 가요.

⬆ 재혼 가족　　　⬆ 조손 가족

① ㉠ 가족의 형태는 확대 가족이다.
② ㉠은 서로 태어난 나라가 다른 가족이다.
③ ㉡은 할머니, 할아버지와 손주로 이루어진 가족이다.
④ ㉠, ㉡ 모두 서로 다른 두 가족이 하나가 된 가족이다.

25 다양한 가족이 어울려 살아가기 위해 필요한 것으로 알맞지 <u>않은</u> 것은? ············· (　　　)

① 다른 가족을 존중한다.
② 모든 가족이 서로 같을 수 없다는 것을 이해한다.
③ 다양한 모습의 가족들이 서로 만나는 일이 없도록 주의한다.
④ 다른 가족에게 필요한 도움이 없는지 살펴보고 도움을 준다.

> ♣ 수고하였습니다. ♣
> 답안지에 답을 정확히 표기하였는지 확인하시오.

초등학교 4학년 기초학력 진단검사

과 학

( ) 초등학교   4학년 ( )반   ( )번   이름 ( )

※ 검사지의 문항 수(25문항)와 면수(5면)를 확인하시오.
※ 답안지에 학교명, 반, 번호, 이름을 정확히 쓰시오.

1 물체와 물체를 만드는 재료를 알맞게 짝 지은 것은?
.... ( )

① 풍선 - 고무
② 어항 - 나무
③ 탁구공 - 유리
④ 공책 - 플라스틱

2 다음 자전거의 각 부분을 만들 때 이용한 물질의 성질에 대한 설명으로 옳은 것은? .... ( )

① 체인은 플라스틱으로 만들어 단단하다.
② 몸체는 가죽으로 만들어 단단하고 질기다.
③ 타이어는 나무로 만들어 고유한 향과 무늬가 있다.
④ 손잡이는 고무나 플라스틱으로 만들어 잘 미끄러지지 않는다.

3 다음 알긴산 나트륨, 젖산 칼슘, 물을 섞어 물방울 구슬을 만드는 실험에 대한 설명으로 옳지 않은 것은?
.... ( )

▲ 섞기 전   ▲ 섞은 후

① 물에 알긴산 나트륨을 녹인 뒤 손으로 만지면 약간 끈적끈적하다.
② 물에 알긴산 나트륨과 젖산 칼슘을 각각 녹인 뒤 섞으면 말랑말랑한 덩어리가 생긴다.
③ 서로 다른 물질을 섞으면 섞기 전에 각 물질이 가지고 있던 물질의 성질이 반드시 변한다.
④ 물방울 구슬을 만들 때 섞기 전에 각 물질이 가지고 있던 물질의 성질이 섞은 후에 변한다.

4 수컷이 혼자 알이나 새끼를 돌보는 동물로 옳은 것은?
.... ( )

①
▲ 거북

②
▲ 펭귄

③
▲ 곰

④
▲ 물자라

5 다음 배추흰나비의 한살이에 대한 설명으로 옳지 <u>않은</u> 것은? ·············· (   )

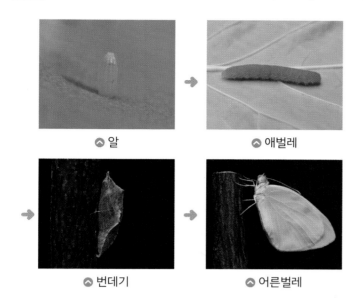

⬆ 알   ⬆ 애벌레

⬆ 번데기   ⬆ 어른벌레

① 배추흰나비 알은 자라지 않는다.
② 배추흰나비 애벌레는 허물을 벗으며 점점 자란다.
③ 배추흰나비 번데기는 기어서 움직인다.
④ 배추흰나비 어른벌레는 날개가 두 쌍, 다리가 세 쌍이 있다.

6 다음 두 곤충의 한살이에서 볼 수 <u>없는</u> 단계는? ·············· (   )

⬆ 매미   ⬆ 잠자리

① 알   ② 애벌레
③ 번데기   ④ 어른벌레

7 알을 낳는 동물끼리 알맞게 짝 지은 것은? ·············· (   )

① 개, 돼지
② 닭, 거북
③ 벌, 고양이
④ 개구리, 양

8 자석에 붙는 물체와 자석에 붙지 않는 물체로 분류했을 때 같은 무리에 속하지 <u>않는</u> 것은? ···· (   )

① 용수철
② 철 집게
③ 철 클립
④ 고무지우개

9 자석의 극에 대한 설명으로 옳은 것은? ···· (   )

① 막대자석의 극은 한 개이다.
② 막대자석의 극은 가운데에 있다.
③ 자석은 같은 극끼리 서로 끌어당긴다.
④ 자석에서 철로 된 물체가 많이 붙는 부분이다.

10 나침반에 막대자석의 N극을 가까이 가져갔을 때 나침반 바늘이 가리키는 방향으로 옳은 것은?

.... (   )

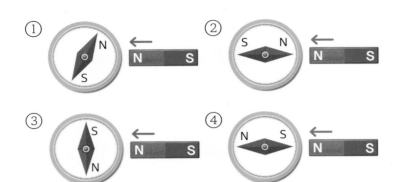

11 지구의 육지와 바다에 대한 설명으로 옳지 <u>않은</u> 것은?

.... (   )

① 육지에도 물이 존재한다.
② 바다는 육지를 제외한 부분이다.
③ 육지의 물은 바다의 물과 달리 짠맛이 난다.
④ 지구의 바다는 육지보다 넓은 면적을 차지한다.

12 다음은 지구와 달의 모습이다. 지구와 달을 비교한 내용으로 옳지 <u>않은</u> 것은? .... (   )

↑지구   ↑달

① 지구와 달에는 모두 단단한 땅이 있다.
② 지구에는 물이 있지만, 달에는 물이 없다.
③ 지구에는 생물이 살 수 있지만, 달에는 생물이 살 수 없다.
④ 지구에는 충돌 구덩이가 있지만, 달에는 충돌 구덩이가 없다.

13 다음 두 동물의 공통점으로 옳은 것은? ..... (   )

↑꾀꼬리   ↑호랑나비

① 날개가 있다.
② 지느러미가 있다.
③ 다리가 세 쌍 있다.
④ 몸이 깃털로 덮여 있다.

14 오른쪽의 낙타가 사막의 환경에서 잘 살 수 있는 몸의 특징으로 옳은 것은?

.... (   )

① 앞다리로 땅을 팔 수 있다.
② 몸에 비해 큰 귀를 가지고 있다.
③ 몸이 딱딱한 껍데기로 덮여 있다.
④ 눈썹이 길고 콧구멍을 여닫을 수 있다.

15 오른쪽의 흡착 고무를 만들 때 모방한 동물은? .... (   )

① 까치
② 문어
③ 붕어
④ 고양이

16 다음과 같이 운동장 흙과 화단 흙에 물을 붓고 저은 뒤 잠시 놓아두었다. 이에 대한 설명으로 옳지 <u>않은</u> 것은? ·· (   )

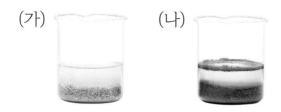

(가)   (나)

① (가)는 운동장 흙이다.
② 식물은 (가)보다 (나)에서 더 잘 자란다.
③ 부식물은 (나)보다 (가)에 더 많이 포함되어 있다.
④ (가)보다 (나)에 물에 뜨는 물질이 더 많이 포함되어 있다.

17 흙이 만들어지는 과정에 대한 설명으로 옳지 <u>않은</u> 것은? ·· (   )

① 바위나 돌이 뭉쳐져 흙이 된다.
② 바위나 돌이 잘게 부서져 흙이 된다.
③ 바위나 돌이 물, 식물 등에 의해 부서진다.
④ 자연에서 흙이 만들어지는 데는 오랜 시간이 걸린다.

18 다음은 강 주변 지형의 모습이다. 이에 대한 설명으로 옳은 것은? ·· (   )

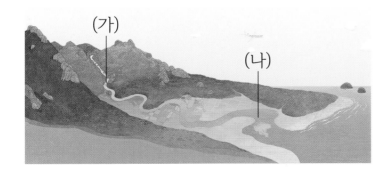

① (가)는 (나)보다 강폭이 넓다.
② (나)에서는 퇴적 작용만 일어난다.
③ (나)는 (가)보다 강의 경사가 급하다.
④ (가)에서는 침식 작용이 퇴적 작용보다 활발하게 일어난다.

19 다음은 바닷가 주변에서 볼 수 있는 지형이다. 바닷물에 의한 퇴적 작용으로 만들어진 것을 알맞게 짝지은 것은? ·· (   )

⌃ 갯벌   ⌃ 동굴

⌃ 모래사장   ⌃ 절벽

① 갯벌, 동굴
② 동굴, 절벽
③ 동굴, 모래사장
④ 갯벌, 모래사장

20 다음 플라스틱 막대와 나무 막대의 공통적인 성질로 옳은 것은? ·· (   )

⌃ 플라스틱 막대   ⌃ 나무 막대

① 눈으로 볼 수 없다.
② 손으로 잡을 수 없다.
③ 담는 용기가 바뀌면 모양이 변한다.
④ 담는 용기가 바뀌어도 부피가 변하지 않는다.

21 다음과 같이 투명한 용기에 담은 주스를 모양이 다른 용기에 옮겨 담을 때 모양과 부피 변화를 알맞게 짝 지은 것은? ·············· (   )

	모양	부피
①	변한다.	늘어난다.
②	변한다.	변하지 않는다.
③	변하지 않는다.	늘어난다.
④	변하지 않는다.	변하지 않는다.

22 기체의 성질로 옳지 <u>않은</u> 것은? ·············· (   )

① 공간을 차지한다.
② 손으로 잡을 수 없다.
③ 공간을 이동할 수 있다.
④ 담는 용기가 바뀌어도 모양이 변하지 않는다.

23 소리의 크고 작은 정도에 대한 설명으로 옳은 것은?
·············· (   )

① 소리의 높낮이라고 한다.
② 물체가 작게 떨리면 큰 소리가 난다.
③ 물체가 크게 떨리면 작은 소리가 난다.
④ 소리굽쇠를 고무망치로 세게 치면 큰 소리가 난다.

24 소리를 전달하는 물질의 상태가 나머지와 <u>다른</u> 하나는? ·············· (   )

① 철봉에 귀를 대고 두드리는 소리를 들을 때
② 땅에 귀를 대고 소리를 들을 때

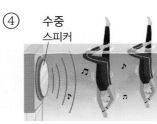
③ 실 전화기로 친구와 대화할 때
④ 수중 스피커에서 나오는 소리를 물속에서 들을 때

25 소음을 줄이는 방법으로 옳지 <u>않은</u> 것은? (   )

① 확성기 사용을 줄인다.
② 도로에 방음벽을 설치한다.
③ 공사장에서는 소음이 적은 기계를 사용한다.
④ 녹음실 벽에 소리가 잘 전달되는 물질을 붙인다.

♣ 수고하였습니다. ♣
답안지에 답을 정확히 표기하였는지 확인하시오.